W0011983

Holundersuppe und saure Schwamme

*Das kleine Kochbuch
der Erzgebirger und Vogtländer*

CHEMNITZER EDITION

Ingeborg Delling

Holundersuppe
und saure Schwamme

*Das kleine Kochbuch
der Erzgebirger und Vogtländer*

Chemnitzer Verlag

Kaninchenbraten
Gebrotener Kuhhos

1 Kaninchen, 1/2 l saure Sahne, 4 Eßlöffel Butter, Zitronensaft, Salz, Pfeffer.

Das Kaninchen ausnehmen und waschen. Danach in Portionsstücke teilen, die man mit Salz und Pfeffer einreibt und mit Zitronensaft beträufelt. In zerlassener Butter und unter häufigem Begießen mit dem Bratensaft das Fleisch von allen Seiten anbraten. Sobald es braun und knusprig ist, löscht man es mit wenig Wasser ab. Nun gießt man nach und nach die saure Sahne zu und läßt es bei häufigem Übergießen etwa 1 Stunde garen. Zum Braten ißt man Rot- oder Sauerkraut, grüne Klöße, Mehlklöße oder Salzkartoffeln.

E Löffelschmiedgung drubn in Pfannestiel trof emol drunten of'n Wark enn annern un sat zu ne: »Du! Hosenbroten, daar schmeckt gut!« Do frögt gener: »Hast dä du wellichn

gassen?« – »Naa. Oder menn Voter sei Ur-
grußvoter, daar hot mech emol naabn enn
gesassen un daar hot emol enn wellichn assen saah.«

O. Wanckel (1895)

Sauerbraten

*1 kg Rinderschmorbraten, 100 g Butter, 100 g
Speck, 300 g Wurzelgemüse, 1/2 l Brühe oder
Wasser, 1/4 l saure Sahne, Reibekuchen, etwas
Salz und Pfeffer. Für den Sud: 1/4 l Essig, 1/2 l
Wasser, 1 große Zwiebel, 1 Lorbeerblatt, 1 Eßlöffel
Salz, 2 Eßlöffel Zucker, ein paar Pfefferkörner.*

Am Vortag die für den Sud genannten Zutaten aufkochen. Nach dem Erkalten das
Schmorfleisch über Nacht einlegen. Danach gut trockentupfen und mit Speckstreifen spicken, mit Salz und Pfeffer einreiben
und in der Butter braten. Das Wurzelgemüse zugeben, wenn der Braten sich bräunt.
Mit Wasser oder Brühe ablöschen und noch
1–1 1/2 Stunden leicht kochen lassen. Ist der
Braten weich, die saure Sahne zufügen und

die Soße mit dem braunen, geriebenen Reibekuchen sämig binden. Zum Sauerbraten ißt man Sauerkraut und Kartoffel- oder Mehlklöße.

Rouladen

4 Rindsrouladen, 100 g Speck, 4 mittlere Zwiebeln, eine Gurke, etwas Senf, 1/2 l Brühe, 3 Eßlöffel saure Sahne, ein paar Pfefferkörner, Salz, Pfeffer und zum Anbraten 100 g Butter.

Das ausgebreitete Rouladenfleisch leicht mit Salz und Pfeffer bestreuen und mit einer dünnen Schicht Senf bestreichen. Auf jede Roulade Gurke, Speck und Zwiebel legen, sie zusammenrollen und mit Rouladennadeln zusammenstecken. Die Rouladen in der Butter allmählich von allen Seiten kräftig anbraten, bis sie eine schöne braune Farbe haben. Nun vom Rand her immer so viel Brühe zugießen, daß der Braten 3/4 bedeckt bleibt. Nach einer Stunde Schmoren schmeckt man den Braten mit Salz, Pfeffer und saurer Sahne ab und bindet die Soße mit etwas Kartoffelmehl. Zu Rouladen ißt

man grüne Klöße, Semmelklöße mit Rot-
oder Sauerkraut.

»Assen un trinken Se, Herr Pfarrner«, sat
gener Bauer. »Wos Sie net assen, kriegt su-
wiesu de Katz.«

Erzgebirgische Weihnachtsgans
Gänsbauch

*1 Gans, 300 g Äpfel, zwei mittlere Zwiebeln, ein
paar Zweige Beifuß, 25 g Salz, 1 Eßlöffel Stärkemehl, Pfeffer.*

Die vorbereitete Gans innen und außen salzen und pfeffern, mit geschälten Äpfeln,
Beifuß und halbierten Zwiebeln füllen und
zunähen. In einer großen Pfanne die Gans
mit kaltem Wasser ansetzen und unter häufigem Begießen knusprig braten. Ab und zu
das Fett abschöpfen. Bevor man den Braten
aus der Pfanne nimmt, mit kaltem Wasser
bespritzen und nochmals kurz in die Röhre

schieben. Die Soße dickt man mit Stärkemehl leicht an. Zum Braten ißt man Rot-
oder Sauerkraut und grüne Klöße.

Dieser wackere Vogel sei nicht allzu fett.
Wenn du das Messer ansetzt, um die Schen-
kel vom Rumpf zu lösen und die Brusthälf-
ten vom Gebein, muß es leise knistern, dann
beim Durchqueren der dünnen Fettschicht
sanft zischen, endlich den Weg durch das
schmelzende Fleisch lautlos gleitend vollen-
den.
Hans W. Fischer

Gepökeltes Schweinsbein
Saubaa

*1 kg gepökeltes Schweinsbein, eine Möhre, eine
Zwiebel, 1 Eßlöffel Pfefferkörner, 1 Teelöffel Pi-
mentkörner, ein Lorbeerblatt.*

Das Pökelbein, je nach Pökel, eventuell zwei
Stunden wässern. Das Fleisch mit soviel kal-

tem Wasser ansetzen, daß es reichlich bedeckt ist. Alle Gewürze und das Wurzelwerk nun zufügen und das Ganze zum Kochen bringen. Nach etwa 2 Stunden Kochzeit ist das Pökelbein weich. Die klare Brühe wird durch ein Sieb gegeben, aber nicht gebunden. Der Brühe kann Meerrettich zugefügt werden, oder jeder nimmt sich je nach Bedarf auf seinen Teller. Zum Saubaa ißt man grüne, gebackene oder Mehlklöße und Sauerkraut. Bei vielen Familien ist dies das Hauptessen zu den Heiligabenden, als ein Teil vom »Neunerlei«.

Entenbraten
Ant aus dr Pfann

1 mittlere Ente, 2 große Äpfel, 1 Zwiebel, 1 l Wasser, etwas Kartoffelmehl, Salz, Pfeffer und Beifuß.

Die Ente kurz kalt abwaschen, abtrocknen und mit Salz einreiben. Den Körper innen mit etwas Salz und Pfeffer ausreiben, danach die ganzen Äpfel, Zwiebel und ein paar Zweige Beifuß hineingeben, bevor man ihn mit Rouladennadeln zusteckt oder zunäht. Die mit der Brustseite nach unten gelegte Ente mit 1 l Wasser ansetzen und wenigstens 1 Stunde lang zugedeckt dünsten. Danach läßt man sie aufgedeckt in der Röhre braten. Verdampftes Wasser wird vorsichtig nachgegossen. Den Braten ab und zu wenden und häufig mit dem Bratenfett begießen. Erst wenn das Fleisch weich ist, läßt man es, damit die Haut schön knusprig wird. Hat sich reichlich Fett gebildet, schöpft man es ab. Den Bratensatz mit Wasser auffüllen, soviel Soße gewünscht wird, und mit Kartoffelmehl binden. Zum Entenbraten ißt man Rotkraut, Salzkartoffeln, Kartoffel- oder Mehlklöße.

Schweinebraten

1 kg nicht zu mageres Schweinefleisch, 2 mittlere Zwiebeln, 1 Möhre, 1 Lorbeerblatt, Salz, Pfeffer und Senf zum Einreihen des Bratens, 1 Teelöffel Pfefferkörner, 2 Eßlöffel Kartoffelmehl, 50 g Fett und 3 Eßlöffel saure Sahne.

Das Fleisch mit Salz, Pfeffer und Senf einreiben und in heißem Fett von beiden Seiten braun braten. Kurz vor Ende des Bratens die geschnittene Zwiebel und Möhre dazugeben. Die Zwiebel darf nur goldgelb braten, sonst wird die Soße bitter. Nun gießt man soviel heißes Wasser zu, daß der Braten fast bedeckt ist. Man fügt das Lorbeerblatt und die Pfefferkörner zu und läßt das Fleisch bei geschlossenem Deckel und mittlerer Hitze etwa 2 Stunden garen. In dieser Zeit wird der Braten ein paarmal gewendet. Danach den Braten aus der Pfanne nehmen und warm stellen. Indessen wird die Brühe durchgeseiht, mit Kartoffelmehl angedickt und die saure Sahne untergerührt. Zum Schweinebraten ißt man Mehl- oder grüne Klöße, als Beilage dient Sauer- oder Rotkraut.

Zur Fastnacht tut sich der arme Bergmann ein Gutes, er ißt mit seiner zahlreichen Familie ein halbes Pfund Schweinebraten mit Erdäpfelbrei und trinkt ein Glas Brandwein...

Christian Gottlob Wild (um 1809)

Brathähnchen
Brothaahnel

*1 mittleres Hähnchen, 1 Brötchen, 1 Tasse Milch,
60 g Butter, 1 Eigelb, etwas Salz und Petersilie.*

Das Hähnchen kurz mit kaltem Wasser waschen, abtrocknen und mit Salz abreiben.
Danach kann man es füllen und zunähen.
Die Füllung wird aus einem altbackenen
Brötchen bereitet, das man in kalter Milch
einweicht und danach gut ausdrückt. Die
Butter mit dem Eigelb wird schaumig gerührt und dem Brötchen zugefügt. Nun gibt
man noch feingehackte Petersilie bei,
schmeckt mit Salz ab und zieht vorsichtig
den Eischnee darunter. Gerät die Füllung zu
weich, hilft geriebene Semmel. Bei gleichmäßiger Hitze läßt man das Hähnchen in
der Röhre braten und beträufelt es häufig
mit Butter, später mit dem Bratensaft. Der
Rest des Bratensaftes wird für die Soße verwendet. Zum Hähnchen ißt man Rotkraut
und Salzkartoffeln.

Gebratene Rippchen

1 kg Rippchen, eine Möhre, eine Zwiebel, 1 Lorbeerblatt, etwas Pfeffer, Salz, Senf, Kartoffelmehl und Fett.

Die gewaschenen Rippchen mit Salz und Pfeffer einreiben und von beiden Seiten im Fett gut anbraten. Nachdem man Zwiebel, Möhre und Lorbeerblatt dazugab, alles nochmals durchbraten. Danach heißes Wasser angießen, bis die Rippchen reichlich bedeckt sind und etwa 2 Stunden kochen lassen. Die Soße wird mit Senf abgeschmeckt und mit Kartoffelmehl sämig gemacht. Zu den gebratenen Rippchen schmecken alle Arten von Klößen oder Salzkartoffeln. Als Beikost bevorzugt man Rot- oder Sauerkraut.

Falscher Hase
Falscher Hos

Für das Gericht: 500g Gehacktes vom Rind und Schwein, 100g Weißbrot, 2 Eier, eine mittlere Zwiebel, 50g Speck, 50g Margarine, Salz, Pfeffer, Majoran. Für die Soße: 150g Rosinen, eine Zwiebel, eine Möhre, ein Stück Sellerie, Kartoffelmehl, 1/4 l Brühe und etwas Petersilie.

Das eingeweichte Weißbrot, die Eier, feingehackte Zwiebel und Gewürze mit dem Gehackten vermengen und die Masse ähnlich einem Hasenrücken formen. Ihn spickt man mit Speckstreifen. In der Margarine anbraten und etwas Wasser und das Wurzelwerk zufügen. Ist der Hackbraten gar, nimmt man ihn aus der Pfanne.

Die Bratensoße passiert man durch ein Sieb. Ihr werden gewaschene, ausgelesene Rosinen beigefügt. Mit der Brühe auffüllen und nochmals aufkochen lassen. Anschließend mit Kartoffelmehl binden. Den in Scheiben geschnittenen Hackbraten bringt man in der Soße auf den Tisch. Als Beikost dient Kartoffelbrei, warmer Kartoffelsalat und frischer Blattsalat.

Krautroulade
Krautwickel

1 mittleres Weißkraut, 400 g Gewiegtes zum Braten, 1 Zwiebel, 1 Ei, 1 Semmel, etwas Pfeffer, Salz und Fett zum Braten.

Das Weißkraut in kochendem Salzwasser blanchieren und nach dem Herausnehmen die äußeren großen Blätter abtrennen. Man löst so viele ab, wie zu 4 Krautrouladen benötigt werden. Das Gewiegte durchmischt man mit der eingeweichten altbackenen Semmel, fügt das Ei, die kleingehackte Zwiebel hinzu, schmeckt mit Salz und Pfeffer ab und verarbeitet das Ganze zu einer geschmeidigen Masse. Sie füllt man in die vorbereiteten Krautblätter, rollt sie zu Wickel und bindet sie mit einem Zwirnsfaden fest zusammen. Nun brät man die Krautrouladen in Fett leicht an, füllt mit Wasser auf und dünstet sie bei geschlossenem Deckel bis sie weich sind. Zu Krautrouladen ißt man Salzkartoffeln oder Kartoffelbrei.

Gewiegtsbrotle mit brauner Zwiebel

Man stellt 600 g Gewiegtes bereit (gemischtes Hackfleisch vom Rind und Schwein), dazu 3 Brötchen, 3 Zwiebeln, 1 bis 2 Eier, 30 g Schmalz, 20 g Margarine, 3 bis 4 Eßlöffel geriebene Semmel und als Gewürz Salz, Pfeffer, Majoran.

Aus dem Hackfleisch, den eingeweichten und wieder ausgedrückten, etwas zerkleinerten Brötchen, der zerhackten Zwiebel und den Eiern werden eine geschmeidige, lockere Masse geknetet, die mit Salz, Pfeffer und etwas Majoran gewürzt wird. Sie soll eine Zeit lang ruhen, damit sie besser bindet. Aus diesem Teig formt man 6 bis 8 ovale oder runde Klößchen, die auf beiden Seiten dünn mit Semmelmehl paniert und im Schmalz beidseitig braun und knusprig gebraten werden. Bevor sie auf den Tisch kommen, läßt man reichlich in Scheiben geschnittene Zwiebeln braun braten und bedeckt damit die »Gewiegtsbrotle«. Sie werden zu Kartoffelbrei oder Kartoffelsalat gereicht oder zum Brot warm oder kalt gegessen.

Gob's bei uns derhaam Gewiegtsbrotle, sat allemol mei Voter: »Emol saah, waar danmol gewunne hot, de Bäcken oder de Flaascher?« Derbei hot die de Mutter egal esu gemacht, wie se se egal gemacht hot. Do stand vun vornerei fest, waar dr Gewinner war.

Gebackene Forelle

Je Person eine mittlere Forelle, 100 g Mehl; Salz, Pfeffer, Zitrone zum Würzen, Fett zum Backen.

Die gewaschenen und ausgenommenen Forellen nach dem »Drei-S-Programm« behandeln, Säubern – Salzen – Säuern. Die fertiggewürzten Forellen von beiden Seiten in Mehl wälzen und danach im heißen Fett rechts und links ca. 10 Minuten backen. Zu gebackenen Forellen ißt man Salzkartoffeln und Rotkraut oder einen Kartoffelsalat.

Vogtländischer Karpfen
Vugtlännischer Karpen

1 kg Karpfen, 75 g Margarine, 3 große Zwiebeln, 1 Flasche helles Vollbier, ein Stück Sellerie, 3 Möhren, 2 Eßlöffel Petersilie, ein paar Gewürzkörner, Lorbeerblätter und etwas Salz.

Den geschlachteten Karpfen entschuppen, ausnehmen, waschen, in Portionsstücke teilen und mit Salz einreiben. Die Zwiebel, Möhren, den Sellerie kleinschneiden und in der Margarine dünsten. Anschließend mit einem Teil des Bieres auffüllen und zugedeckt weiter dünsten lassen. Die vorbereiteten Karpfenstücke mit den Gewürzen zugeben, mit dem Rest des Bieres auffüllen und darin den Fisch fertig garen. Als Beilage ißt man Salzkartoffeln und Rotkraut.

Gebackener Karpfen

1 kg Karpfen, 3 Eier, Salz, Pfeffer, 2 Eßlöffel Speiseöl, Semmelmehl.

Den gewaschenen, entschuppten Karpfen ausnehmen, reinigen und längs auseinandertrennen. Die Hälften teilt man in Portionen. Damit der Fisch besser durchbäckt, wird er auf der Hautseite eingeschnitten. Die einzelnen Portionen werden gesalzen, leicht gepfeffert und gewendet. Eier, 4 Eßlöffel Wasser und etwas Öl schlagen, die Fischstücke durchziehen und anschließend mit Semmelmehl panieren. Die so vorbereiteten Karpfenstücke in der Pfanne im heißen Fett auf beiden Seiten goldbraun und knusprig backen. Nach dem Herausnehmen abtropfen lassen, Zitronenspalten hinzugeben und mit Petersilie bestreuen. Als Beikost werden Rotkraut und Salzkartoffeln gegessen.

Kartoffelklöße
Grüne Kließ (erzgeb.)
Grügeniffte (vogtl.)

1 kg rohe, 1/2 kg gekochte Kartoffeln, etwas Salz, Kartoffelmehl und eine Semmel für die Semmelwürfel.

Die geschälten rohen Kartoffeln werden gerieben und anschließend in einem Säckchen ausgedrückt, bis kein Wasser mehr austritt. Diesen Teig bestreut man mit Salz, 2–3 Eßlöffel Kartoffelmehl und überbrüht ihn mit einer Schöpfkelle siedendem Wasser. Nun werden die gekochten durchgedrückten Kartoffeln dazugegeben. Den Teig knetet man gut durch und formt apfelgroße Klöße daraus. In sie fügt man die gerösteten Semmelwürfel. Die Klöße läßt man etwa 20 Minuten in leicht gesalzenem Wasser köcheln.

Klöße sind kleine und große Bälle, (wie große Aepfel) werden mit den Händen oder mit zwei Löffeln gemacht... Ein großer Vor-

zug ist ihre Wohlfeilheit, weshalb sie auch
niemals in Vergessenheit kommen werden.
Kochlehrer August Erdmann, Dresden (1838)

Grügeniffte

Möcht wissen, wie's de Alten,
wie's Erdäpfel noch net geem,
Gahr üm Gahr su ausgehalten,
wie se hiegebracht ihr Leem?

Naa, iech kaah mersch net dermessen,
wie a Mensch verkumme kah:
Kaa Erdäpfele ze essen
und nix, wos mer macht dervah!

Sunn- und Feiertog net kenn iech
ahne sie und bie oft bies,
und a Feiertog is, wenn iech
ho mei halbes Mannel Kließ.

Und es is e guter Bissen,
wenn se recht schie locker sei;
drei, vier Löffel Brüh, die müssen
krieng in su e Kließel nei.

Und derzu a Sauerbroten,
's ka aah Schöps, aah Gänsel sei,
ner recht knusperig gebroten,
noochert, glabbt mer'sch, hau iech ei.

Mächt ner wissen, wie's de Alten,
wie's Erdäpfel noch net geem,
ahne Kließ ham ausgehalten?
Wie se higebracht ihr Leem?

Louis Riedel

Gebackene Klöße

Aus dem gleichen Teig der grünen Klöße werden etwa handgroße fingerdicke Kuchen geformt. In heißem Öl oder Pflanzenfett läßt man sie in der Pfanne goldgelb backen. Gegessen werden sie zu gepökeltem Schweinsbein mit einer scharfen Meerrettichsoße und Sauerkraut.

Bei vielen Familien sind diese Klöße das Heiligabendessen, ein Teil vom »Neunerlei«.

Jetzo ästimiert man hier das Kraut nicht, und wird fast nur des Viehes halber gepflanzet. Hingegen gehen die Erdäpfel über alles, und haben sich dieserhalb auch biß Zwickau, Chemnitz und Leipzig gefunden, wiewohl sie in guten Erdreich nicht fort wollen, sondern gantz klein wachsen, auch schlifficht sind und kein Mehl haben. Wo es aber horstig und steinigt ist, da nehmen sie die ausgeführte Dunge besser an, und gerathen fast alle Jahre sehr wohl, sonderlich hier und in etlichen benachbarten Dorffschafften...

Marbach, Chronik von Schöneck (1731)

Grüne Kließ in Millichsud

Das war ein typisches Gericht, das die Bauern nach Abschluß der Kartoffelernte ihren Helfern zum »Stuppelhah« vorsetzten.

10 große Kartoffeln, 1 Ei, 1 1/2 l Milch, 1 Eßlöffel Butter, etwas Salz.

24

Die rohen Kartoffeln werden geschält, gerieben und aus dem Teig im Kloßsäckchen das Wasser ausgepreßt. Danach wird der Masse das Ei untergemengt und daraus kleine Klöße geformt. Milch und Wasser werden zum Kochen gebracht und die hineingegebenen Klöße bei kleiner Flamme garen lassen. Die Suppe wird mit Salz abgeschmeckt und durch Butterflöckchen verfeinert. Das Gericht wird heiß und meist ohne Zukost gegessen.

»...denn auch damals war des genügsamen Erzgebirgers Hauptkost der ›Ardeppel‹. Morgens, mittags und abends deckte er den Tisch, auf mannigfache Weise zubereitet, als Studelhandschuh, Bankrutscher, Strahfratz, Luckerhus, Röhrenkuchen, Napplagötzen – so lauten die volkstümlichen Bezeichnungen –, bildet er mit ›en Schalle Lutsch‹ die alltägliche Kost.«
Jeremias Wehmeier (1868)

Vom »Neunerlei« am Heiligabend

Über Jahrhunderte hinweg aß man im Erzgebirge sparsam, weil das Land nicht mehr her-
gab. Davon ging man nur dann ab, wenn die
drei hohen Feste des Jahres kamen: Weih-
nachtsheiligabend (24. Dezember), Silvester
(31. Dezember) und Hohneujahrsheilig-
abend (5. Januar). Gegessen wird auch heute
noch an diesen Tagen pünktlich 18.00 Uhr.
Alle Töpfe müssen gefüllt sein, alle Kerzen
müssen brennen, das bringt volle Töpfe und
helle Tage über das ganze Jahr hinweg. Und
damit das Geld nicht ausgeht, liegt unter je-
dem Teller ein Pfennigstück. Neun Speisen
müssen auf dem Tisch stehen. Das stimmt
immer (es hängt davon ab, was man zählt).
Neun ist eine günstige Zahl, die sich durch
drei teilen läßt. Und drei ist bekanntlich seit
eh und je eine Glückszahl. Jede Speise hat
ihre Bedeutung. Das ist allerdings örtlich
verschieden, ja selbst zwischen Familien, die
auf gleichem Korridor wohnen.

An Fleisch gehört zum »Neunerlei«: ent-
weder Gans, Kuhhase, Schweinsbein oder
Bratwurst. Fleisch kündet für kommende
Zeiten Wohlstand und ausreichend Nah-

rung an. Klöße bringen Taler ins Haus. Sie dürfen nicht gezählt werden, und wenn, dann muß eine ungerade Zahl herauskommen. Linsen bedeuten Groschen, Hirse Kleingeld. Nudeln bringen langes Geld ins Haus. Aufquellendes erzeugt Wachstum, deshalb sollten Kinder einen Löffel davon essen. Fehlt Salz und Brot, dann fehlt es das ganze Jahr über. Brot soll angeschnitten, aber nicht aufgegessen werden. Ein Stück davon erhält das Vieh. Dann gedeiht es gut. Sellerie bedeutet Fruchtbarkeit, Blaubeeren Trauer. Wer Buttermilch zum »Neunerlei« trinkt, dem tropft das Jahr über die Nase. Und wer Suppe ißt, bekommt Zahnweh. Rote Rüben bringen Schönheit, Bier Kraft und Stärke. Wer Sauerkraut ißt, dem wächst langes Stroh. Von jeder aufgetragenen Speise muß man wenigstens einen Löffel essen. Alle müssen aufessen, dann wird im neuen Jahr schönes Wetter, nur die Mutter darf einen Happen auf dem Teller liegen lassen. Knöpft der Vater nach dem Essen den Hosenbund nicht auf, und klagt: »Mich zerreißt's!« war's kein richtiges Heiligabendessen.

Manfred Blechschmidt

Zitterklöße

1 kg gekochte Kartoffeln vom Vortage, 1 Tasse Kartoffelmehl, 1 Ei, etwas Salz, nach Bedarf 1/4 Tasse kaltes Wasser, Semmelwürfel.

Die geschälten Kartoffeln reiben, mit dem Kartoffelmehl und dem Ei vermengen und mit Salz abschmecken. Daraus einen festen Kloßteig unter allmählicher Zugabe von Wasser kneten. Aus dem Teig etwa apfelgroße Klöße formen, in die man die gerösteten Semmelwürfel eindrückt. Dem Kochwasser fügt man etwas Salz bei und läßt die Klöße etwa 10 bis 15 Minuten garen. – Zitterklöße werden zu den unterschiedlichsten Fleischgerichten aufgetischt.

Gemischte Klöße

1 kg gekochte Kartoffeln, 6 Brötchen vom Vortag, 1/4 l Milch, etwas Margarine, 100 g durchwachsenen Speck, 2 Zwiebeln, 150 g Mehl, 1 Ei, gehackte Petersilie und Schnittlauch, eine Kleinigkeit Salz und frisch geriebene Muskatnuß.

Die gekochten Kartoffeln werden durchgepreßt, die Brötchen gewürfelt. 3 von ihnen werden mit kochender Milch übergossen, die anderen 3 in der heißen Margarine goldbraun geröstet. Den gewürfelten Speck und die gehackten Zwiebeln erhitzt man, bis sie knusprig sind. Nun mischt man alle Zutaten, mit Ausnahme der gerösteten Brötchen, zu einem Teig. Diese werden erst zum Schluß unter den Teig gemischt. Aus ihm formt man etwa 5 cm große Klöße, die man in kochendes Salzwasser gibt und im offenen Topf garziehen läßt. Zu den gemischten Klößen werden Sauerbraten oder andere Fleischgerichte aufgetragen. Als Beikost verwendet man Sauerkraut.

Stärkkließ aus Zwota

300 g Kartoffelstärke, 1 Ei, 2 altbackene Brötchen, 1 Tasse Milch, 20 g Butter, etwas Salz.

Die in Würfel geschnittenen Brötchen in der Butter rösten und abkühlen lassen. In einer Schüssel die Kartoffelstärke, Semmelwürfel, das Ei und etwas Salz vermischen.

Inzwischen die Milch zum Kochen bringen und dem Gemenge langsam zugießen. Mit einem Holzlöffel alle Zutaten gut vermengen. Es soll ein nicht zu weicher Teig entstehen. Mit angefeuchteten Händen die Masse flach in eine Pfanne drücken und bei guter Mittelhitze auf beiden Seiten goldgelb braten. Die aus der Pfanne kommenden Klöße ißt man zu verschiedenen Braten.

Grießklößchen

1 1/2 l Milch, 250 g Grieß, 25 g Margarine, 1 Ei, etwas Reibkäse, Butter und Salz.

In der Milch wird der Grieß zu einem steifen Brei gekocht, dem man die Margarine, das Eigelb und Salz unterzieht. Anschließend läßt man ihn kalt werden. Aus diesem kalten, steifen Brei werden mit einem Eßlöffel walnußgroße Klößchen ausgestochen, die man in Salzwasser garziehen läßt. Sobald man sie auf einem Sieb hat abtropfen lassen, werden sie mit Reibekäse und Butterflöckchen bestreut und in der Röhre bei gleichmäßiger Hitze überbacken. Zu den warmen

Klößchen wird nach Belieben Salat oder Kompott gereicht.

Böhmische Knödel

300 g Mehl, 3 abgeriebene Brötchen, 1 Ei, 1 Eigelb, eine Tasse Selterswasser, 1 gestrichenen Teelöffel Backpulver, etwas Salz.

Das Ei und Eigelb mit dem Selterswasser durchquirlen und mit dem durchgesiebten Mehl, Backpulver und Salz zu einem glatten Teig verarbeiten. Danach die abgeriebenen, gewürfelten Semmeln in den Teig einkneten. Aus der fertigen Masse formt man zwei längliche Brote, die man in kochendes Salzwasser gibt, kurz aufkochen und anschließend etwa 30 Minuten garziehen läßt. Davon schneidet man etwa fingerdicke Scheiben. Zu Böhmischen Knödel kann jeder Braten gegessen werden. Rot- oder Sauerkraut vervollständigen das Gericht.

Kartoffelsalat

1 kg gekochte Kartoffeln vom Vortag, 2 kleine Gurken, einen großen Apfel, eine große Zwiebel, Mayonnaise, Salz, Pfeffer und Senf.

Die kleingeschnittenen Kartoffeln, Gurken, Apfel und Zwiebel miteinander vermischen, dann die Mayonnaise unterziehen. Das Ganze mit Salz, Pfeffer und etwas Senf pikant abschmecken. Wenigsten 2 Stunden lang durchziehen lassen, bevor man den Salat serviert. Nimmt man dazu noch 2 Matjesheringe, die kleingeschnitten dem Salat untermischt werden, erhält man einen vorzüglichen Heringssalat.

Warmer Kartoffelsalat

750 g Kartoffeln, 75 g Speck, 1 große Zwiebel, 2 Eßlöffel Mehl, 1 Tasse Brühe, etwas Essig, Salz, Pfeffer und Zucker.

Die gekochten Kartoffeln schälen und in dünne Scheiben schneiden. Den Speck und die Zwiebel kleinwürfeln und erhitzen, bis sie glasig sind. Nun gibt man Mehl hinzu, dünstet alles kurz, füllt die Brühe auf und läßt alles gut durchkochen. Danach mit Essig, Salz, Pfeffer und etwas Zucker abschmecken und die warmen Kartoffeln hinzufügen, alles vorsichtig vermengen und durchziehen lassen. Zum warmen Kartoffelsalat ißt man Bratwurst, gebratene Blutwurst, Hausmachersülze oder Spiegelei.

Bratkartoffeln
Eigeschnietene Aardäppeln (erzgeb.)
Spälkele (vogtl.)

500 g Kartoffeln, 30 g Fett, 1 große Zwiebel, 100 g Rauchfleisch, zum Abschmecken Majoran, Pfeffer und Salz.

Die gekochten Kartoffeln schälen und in dünne Scheiben schneiden. Inzwischen die kleingewürfelte Zwiebel in heißem Fett glasig werden lassen. Jetzt die Kartoffeln zugeben und mit Majoran, Pfeffer und Salz abschmecken. Bei gleichmäßiger Hitze die Kartoffeln bei häufigem Wenden goldbraun braten. Nun fügt man das kleingeschnittene

Rauchfleisch zu und läßt es mit den Kartoffeln knusprig braten. Zu Bratkartoffeln ißt man Spiegeleier, Hausmachersülze oder gebratene Wurst.

Zu Abend wurden »Spälkele« gegessen. Noch sehe ich meine Mutter für die große Familie die überdimensionale »Spälkelepfann« mit den noch dampfenden Spälkelen auftragen... Spälkele bedeutet »gespaltene Kartoffeln«. Gekochte Kartoffeln werden geschält, in die Pfanne »eingeschnitten« – deshalb spricht man häufig von »Eigeschnietenen« – und mit Fett oder Butter gebraten. In den Zeiten der vogtländischen Armut trat schwarzer Kaffee an die Stelle von Fett und Butter.

Dr. Friedrich Barthel

Kartoffelpüree mit Sauerkraut und Bratwurst
Aardäppelbrei (erzgeb.)
Erdäpfelstampf (vogtl.)

600 g Kartoffeln, 250 g gekochtes Sauerkraut, 80 g Speck, eine große Zwiebel, 1/2 l Milch, Salz, Pfeffer, 2 Bratwürste.

Die geschälten und kleingeschnittenen Kartoffeln mit etwas Salz garkochen. Den Speck auslassen und darin die Zwiebel bräunen. Nun die weichen Kartoffeln mit heißer Milch übergießen und zu einem Brei stampfen, dem man den Speck und die Zwiebel zugibt und mit Salz und Pfeffer abschmeckt. Nachdem man alles nochmals durchstampfte, ist das Gericht fertig. Die inzwischen für sich gebratene Wurst obenauflegen und das Ganze mit Bratenfett übergießen. Als Beilage nimmt man Sauerkraut.

Aus grünen, das heißt rohen Kartoffeln stellt die vogtländische Hausfrau unter Zugabe von Milch »Erdepfelbrei« her. Er muß

so fest sein, daß er »steht«. Darum wird er auch »Erdepfelstampf« genannt. Es war außergewöhnlich, konnte man sich eine »Brotworscht« dazu leisten.
Dr. Friedrich Barthel

Stampfkartoffeln
Aardäppelstamp

10 mittlere Kartoffeln, heiße Milch, Salz, Pfeffer, Kümmel, Butter.

Die geschälten Kartoffeln in kleine Stücke schneiden und kochen. Das Kochwasser abgießen, daß nur ein kleiner Teil übrigbleibt. Nun die weichen Kartoffeln mit kochender Milch zu einem Brei zerstampfen, bis ein dicker Brei entstanden ist. Mit Salz, Kümmel, Pfeffer würzen und mit Butter verfeinern. Zum Kartoffelstampf ißt man Spinat und Spiegelei.

»Der Erzgebirger hat den Niederländern voraus, daß er aus der Kartoffel allerhand verschiedene und schmackhafte Gerichte zu bereiten versteht. Er kann alltäglich in der Woche Kartoffeln essen und ißt doch an keinem Tage das gleiche Gericht.«
B. Berleth (1904)

Kaldaunen
Süß-Saure Kuttelflack

2000 g Flecke (genießbare Innereien), 250 g Wurzelgemüse, 75 g Speck, 4 saure Gurken, 1000 g Kartoffeln, 3 Zwiebeln, Salz, Zucker, Essig, Majoran, Petersilie oder Selleriekraut.

Die Flecke werden gründlich gesäubert, gewaschen und zum Kochen gebracht. Nachdem sie 10 Minuten kochten, gießt man das Wasser ab und läßt sie weitere 2 Stunden weichkochen. Nach etwa 1 1/2 Stunden Kochzeit fügt man das zerkleinerte Wurzelwerk hinzu. Die kleingewürfelten Kartoffeln werden gesondert gekocht. Von Speck,

Zwiebeln und Mehl bereitet man eine dunkle Schwitze, dabei das Mehl unter ständigem Rühren braun rösten, mit etwas Brühe anfüllen, mit Majoran, etwas Zucker, Essig und Salz sehr pikant abschmecken und in diese sämige Soße die gekochten Flecke, die man vorher in Streifen von etwa 3 cm Länge und 1 cm Breite geschnitten hat, einfüllen. Nun das mitgekochte Gemüse, die gekochten Kartoffeln und die gewürfelten Gurken hinzufügen und mit reichlich gehackter Petersilie überstreuen. Das Gericht wird heiß auf den Tisch gebracht. Es schmeckt auch aufgewärmt vorzüglich.

Kartoffelstückchen
Saure Aardäppelspalken

750 g Kartoffeln, 50 g Speck, 3 Eßlöffel Mehl, 3 Zwiebeln, 3 kleine saure Gurken, 1/2 l Brühe, etwas Salz, Pfeffer, Zucker und Essig.

Die rohen geschälten Kartoffeln in Würfel schneiden und in der Brühe garkochen. Mit Salz abschmecken. Nun die in Würfel geschnittene Gurke hinzufügen. Den Speck läßt man aus und bräunt darin die in kleine Würfel geschnittenen Zwiebeln, mit Mehl bestäubt, gut durchrösten lassen. Danach mit Brühe auffüllen und das Ganze zu einer dicken braunen Soße verkochen, in die man die Kartoffelstückchen beifügt. Nachdem das Gericht mit Essig, Pfeffer, Salz und etwas Zucker abgeschmeckt wurde, kommt es, in eine Schüssel gefüllt, heiß auf den Tisch.

Erst Fleisch und Zugemüse gaben den Erdäpfelspalken einen guten Geschmack. Abwechslungsreich kamen sie auf den Tisch als Kraut-, Möhren-, Schwamme-, Brennessel-, Spinat-, Kohlrüben- und Fleckspalken. Fast jeden Mittag wurden sie aufgetragen, so daß... der Mittagsgruß entstand »Mahlzeit-Spalken«.
Dr. Friedrich Barthel

Dorschtenspalken

*1 kg Kartoffeln, 1/2 kg Kohlrüben, 2 Möhren,
2 Zwiebeln, Fleischknochen vom Rind. Zum Würzen: Salz, Pfefferkörner, Piment, Lorbeerblatt,
1 Möhre, 1 Zwiebel.*

Die Fleischknochen waschen und mit den
Gewürzen etwa 1 Stunde garkochen. Dabei
müssen die Knochen völlig mit Wasser bedeckt sein. Nach dem Erkalten die Knochen
aus der Brühe nehmen und das Fleisch abputzen. Die Brühe durch ein Sieb gießen. In
sie die kleingewürfelten Kartoffeln, Kohlrüben, Möhren und die Zwiebeln geben. Nun
kommt das Fleisch hinzu. Alles etwa
3/4 Stunde leicht kochen lassen. Sollte der
Eintopf zu dick sein, mit etwas Brühe auffüllen. Am Schluß nochmals abschmecken, mit
Petersilie bestreuen und auf den Tisch bringen.

Graiple (erzgeb.)
Graupenspalken (vogtl.)

4 Kartoffeln, etwas Wurzelwerk, 1 Zwiebel, 40 g Schweineschmalz, 1 l Fleischbrühe, 125 g Graupen, 250 g gare Fleischreste, Salz, Pfeffer, Petersilie.

Die gewaschenen, geschälten Kartoffeln in Scheiben schneiden. Das geputzte und kleingeschnittene Wurzelwerk und die kleingehackte Zwiebel im heißen Schweineschmalz leicht rösten. Danach mit Fleischbrühe auffüllen, die Graupen und Kartoffeln hinzufügen und garen. Das kleingeschnittene Fleisch hinzugeben. Das Gericht mit Salz und Pfeffer abschmecken und vor dem Auftragen mit Petersilie bestreuen.

Krohepfaffer

1 kg Kartoffeln, 1/2 kg Zwiebeln, 1 l Fleischbrühe, 300 g Blutwurst, 50 g Räucherspeck, 2 Eßlöffel Schweineschmalz, Pfeffer, Salz, Petersilie.

Dem gewürfelten und in heißem Schweineschmalz gebratenen Speck fügt man die in

Ringe geschnittene Zwiebel bei. Sobald sie sich bräunt, kommen die geschälten und kleingewürfelten Kartoffeln hinzu, die man etwa 5 Minuten braten läßt, bevor die Brühe beigefügt wird. Die Suppe mit Salz und Pfeffer abschmecken und 30 Minuten kochen lassen. Kurz vor dem Auftragen fügt man die mit gewürfelter Zwiebel gebratene Blutwurst hinzu. Über jede Portion wird vor dem Auftragen frische kleingehackte Petersilie gestreut.

Finkelsprah

300g Kartoffeln, 50g Sauerkraut, 150g Blutwurst, 10g Speck, eine Tasse Milch, eine mittlere Zwiebel, Salz und Pfeffer.

Indessen die kleingeschnittenen rohen Kartoffeln im Salzwasser garkochen, wird in einer Pfanne der kleingewürfelte Speck glasig gebraten und die grobgeschnittene Zwiebel darin bräunen lassen. Nun übergießt man die Kartoffeln mit heißer Milch und zerdrückt sie zu einem dünnen Brei. Ihm wird das kleingeschnittene Sauerkraut, die Zwiebelstücke und die Fettgrieben ohne das Fett untergerührt. Im ausgelassenen Fett brät man die Wurst, gießt es danach über den Brei und streut die gebratene Blutwurst obenauf.

Die Nahrung der Erzgebirger besteht fast einzig und allein aus Kartoffeln, dort Erdäpfel genannt, in deren Bereitung sie eine wahre Virtuosität entwickeln...
Robert Blum, 1847

Linsen mit Backpflaumen

300 g Linsen, 125 g Backpflaumen, 1 l Brühe, 75 g geräucherten mageren Bauchspeck, 20 g Mehl, etwas Salz, Essig, Zucker und Butter.

Die eingeweichten Linsen in kaltem Wasser ansetzen und langsam kochen lassen, bis sie gar sind. Überschüssiges Kochwasser abgießen, dafür die Brühe zufügen. Die Backpflaumen werden lauwarm gewaschen, in kaltes Wasser gegeben, dem man vorher etwas Zucker zusetzte, und ½ Stunde lang gekocht. Danach gibt man Linsen und Backpflaumen zusammen, läßt das Ganze nochmals aufkochen und bindet es mit braunem Mehl ab. Der in Würfel geschnittene und ausgebratene Speck wird zugegeben und das Gericht mit Salz, Zucker und Essig sauersüß abgeschmeckt. Zur Verfeinerung gibt man jeder Portion ein haselnußgroßes Stück Butter bei. Zu den Linsen schmecken Knackwürste.

Süßsaure Linsen

300 g Linsen, 125 g Kartoffeln, Wurzelwerk, 125 g Speck, 2 Zwiebeln, Salz, Zucker, Essig, Pfeffer. Pro Portion 1 Knackwurst.

Die Linsen waschen und eine Nacht lang in Wasser einweichen. Das Wurzelwerk putzen und kleinschneiden. Nun die Linsen im Einweichwasser aufsetzen, Salz beigeben und mit dem Wurzelwerk weichkochen. Die geschälten Kartoffeln würfeln und nach ½ Stunde Kochzeit zugeben. Sollten die

Linsen zu dick werden, mit Brühe auffüllen. Den Speck und die Zwiebeln kleinschneiden, anrösten und den Linsen zufügen. Mit Zucker, Essig, Salz und Pfeffer süßsauer abschmecken. Die Knackwurst in den Linsen heiß werden lassen. Statt der Wurst wird auch Rauchfleisch verwendet.

Erzgebirgischer Linsentopf

200 g Linsen, 150 g Kartoffeln, 1 l Fleischbrühe, 2 Gewürzgurken, 50 g Räucherspeck, eine große Zwiebel, 2 Eßlöffel Mehl, etwas Essig, Pfeffer, Salz, Petersilie, Bratfett und als Beilage Bratwürste.

Die verlesenen, gewaschenen Linsen wenigstens 2 Stunden quellen lassen. Danach das Wasser abgießen und die Fleischbrühe und die kleingewürfelte Gurke zugeben, mit Salz, Pfeffer und Essig abschmecken. Bei kleiner Flamme läßt man die Linsen 90 Minuten lang weichkochen. Der kleingeschnittene Räucherspeck wird in einem Tiegel ausgelassen und in dem Fett die kleingewürfelte Zwiebel gedünstet. Dies alles kommt in den Linsentopf. Inzwischen werden die geschälten Kartoffeln gewürfelt. Sie läßt man halbgar kochen und fügt sie dem Gericht hinzu. Aus dem Mehl wird eine braune Schwitze bereitet und dem Linsentopf untergerührt. In jede Portion gibt man eine goldgelb gebratene Wurst und überstreut das Ganze mit etwas Petersilie.

Hausmachernudeln
Ludeln

400 g Mehl, 4 Eier, 2 Eßlöffel Wasser und etwas Salz.

Aus den Zutaten knetet man einen festen, jedoch geschmeidigen Teig, den man mit dem Nudelholz auf dem Nudelbrett oder der Tischplatte dünn wie ein Fensterleder ausrollt und trocknen läßt. Danach schneidet man aus dem Teig etwa handbreite Streifen, legt sie übereinander und bereitet davon mit dem Messer die Nudeln, schmal oder breiter, je nach Belieben. In leicht gesalzenem Wasser werden sie etwa 20 Minuten gegart. Danach spült man sie unter kaltem Wasser ab, gibt sie in ein Sieb und läßt

sie abtropfen. Den Nudeln fügt man Geflü-
gelklein bei oder nur Butter. Die Kinder mö-
gen sie am liebsten als »süße Nudeln«. Dann
kommt über das fertige Gericht braune Butter und Zucker.

Mei Mutter kocht Ludeln,
schütt Branntewei na,
do wern se recht lucker
un brünseln net a.
(Wildenau)

Mei Mutter, dos Luder,
backt de Nudeln sue klaa,
mei Voter, der Lümmel,
frißt se alle allaa.
(Geilsdorf)

Pilztopf
Schwammetopp

500 g gemischte Pilze, 500 g Kartoffeln, 50 g Butter, 2 mittlere Zwiebeln, 1/4 l Sahne, 2 Eier, etwas Salz, Kümmel, Pfeffer und Petersilie.

Die am Vortag abgekochten Kartoffeln schälen und in Scheiben schneiden. Nach dem Säubern die Pilze zerkleinern, mit Salz, Pfeffer und Kümmel würzen und in der Butter mit Zwiebelwürfel garen. Ein bereitstehendes Gefäß mit Butter ausstreichen und abwechselnd eine Schicht leicht gesalzener Kartoffelscheiben und Pilze einschichten. Den Abschluß bildet eine Lage Kartoffelscheiben. Die Sahne mit den Eiern verrühren, darübergießen und etwa 10 Minuten lang überbacken. Vor dem Auftragen das Gericht mit Petersilie bestreuen. Als Beikost gibt es frischen Blatt- oder Gemüsesalat.

Pilzkartoffeln
Schwammeaardäppeln

500 g gemischte Waldpilze, 500 g Kartoffeln, 80 g Räucherspeck, 1 Zwiebel, 1/2 l Wasser, 2 Eßlöffel Mehl, Salz, Pfeffer, etwas Essig und kleingehackte Petersilie.

Die Pilze putzen, waschen, abtropfen lassen und kleinschneiden. Inzwischen die zerhackte Zwiebel in einer Pfanne mit kleingewürfeltem Speck anbraten. Die geschälten, kleingeschnittenen Kartoffeln und die Pilze in einen Topf geben, die gebratene Zwiebel mit dem Speck beifügen und mit Wasser auffüllen. Das Ganze mit Salz und Pfeffer abschmecken und unter häufigem Umrühren garkochen. In einem Tiegel bräunt man das Mehl und rührt es dem Gericht unter. Bevor es heiß auf den Tisch kommt, mit Salz, Pfeffer und Essig abschmecken und mit gehackter Petersilie verfeinern.

Saure Schwamme

500 g Waldpilze, 1 Tasse Weinessig, 2 Tassen Wasser, 3 Eßlöffel Mehl, Pfefferkörner, Lorbeerblätter, gemahlenen Pfeffer und Salz.

Die Pilze putzen und schneiden, anschließend waschen und in einem Sieb abtropfen lassen. In Wasser mit etwas Essig werden sie zum Kochen gebracht. Nach dem Aufkochen abschäumen und das Salz und die Gewürze beifügen. Unter ständigem Umrühren bei kleiner Flamme etwa 1/2 Stunde kochen, bis sie weich sind. Nun schmeckt man nochmals mit Essig und Zucker ab und macht mit Mehl das Gericht sämig. Zu den warm auf den Tisch gebrachten Pilzen ißt man Pell- oder Salzkartoffeln.

Denn de Schwamme, die sei gut, waar viel
Schwamme ißt, daar spart is teire Brut;
Schwamme aß ich gern fer'sch ganze Laabn,
un is ka kaa bessersch Zugemüß net gaabn.
Schwimm, Schwamm!
Aus: Gottfried Lattermann »Schwammemarsch«

Pilznudeln
Schwammenudeln

450 g Nudeln, 1 kg gemischte Pilze, 2–3 Eßlöffel Butter, 1 Zwiebel, 1 Eßlöffel Mehl, 1 Tasse Wasser, etwas Salz, Pfeffer und Petersilie.

In der zerlassenen Butter werden die Zwiebelwürfel gedünstet, denen die geputzen, in Scheiben geschnittenen Pilze beifügt werden. Nachdem man Mehl darüber gestreut hat, die Pilze kurz dünsten lassen. Danach fügt man das Wasser hinzu und kocht sie bei schwacher Flamme etwa 20 Minuten lang. Nun mit Salz und Pfeffer abschmecken und mit Petersilie bestreuen. Inzwischen hat man die Nudeln in Salzwasser gekocht. Sie werden in kaltem Wasser abgeschreckt, bevor man sie mit den Pilzen vermengt. Das Gericht läßt man einige Minuten stehen, schmeckt es nochmals ab und bringt es zu Tisch.

Pilzpfanne
Gebrotene Schwamme

500 g Waldpilze, 50 g Speck, 1 Zwiebel, 1 Eßlöffel Mehl, 1 Tasse Wasser. Etwas Salz und Pfeffer.

Die gesäuberten Pilze in Scheiben schneiden. Speck und Zwiebel in Würfel schneiden, anbraten, die Pilze zufügen, erhitzen und mit Mehl überstäuben. Die entstandene Bratkruste mit siedendem Wasser auffüllen. Die Pilze 1/2 Stunde gut durchkochen lassen, danach mit Salz und kräftig mit Pfeffer abschmecken. Zu den Pilzen werden Pellkartoffeln gegessen.

Kartoffeln und Quark
Schöleraardäppeln un Quark

750g Kartoffeln, 350g Speisequark, eine Tasse Milch, 2 mittlere Zwiebeln, 30g Leinöl, etwas Kümmel, gestoßenen Pfeffer und Salz.

Den Quark streicht man durch ein Sieb und rührt ihn mit der Milch sahnig. Nun die kleingehackte Zwiebel unterziehen und das Ganze mit Salz, Pfeffer und Kümmel abschmecken. Der zugerichtete Quark wird portionsweise auf die Teller gegeben, in die Mitte wird mit dem Löffel eine kleine Vertiefung eingedrückt, in die man Leinöl gibt. Inzwischen sind die Kartoffeln gargekocht. Als Pellkartoffeln kommen sie dampfend in einer Schüssel in die Mitte des Tisches.

Bäuerlicher Speisezettel um 1890 im Erzgebirge

Montag:	Saure Kartoffeln oder Milch-reis oder Milchhirse
Dienstag:	Hafergrütze oder Reis oder Hirse oder Kartoffeln mit Wurst
Mittwoch:	Gemüse mit Fleisch
Donnerstag:	Kartoffelmus mit Fleisch
Freitag:	Mehlbrei oder Kartoffelget-zern
Sonnabend:	Pellkartoffeln mit Quark, Fett, Butter oder Hering
Sonntag:	Sauerkraut mit Schweine-fleisch
Getränke:	Wasser, Molken, Konfent*, an Feiertagen Starkbier

* leichtes Sommer- oder Halbbier

Eier auf Schinkenspeck

4–6 dünne Scheiben Schinkenspeck, 1 Eßlöffel Butter, 4 Eier, etwas Salz und Pfeffer.

Den Schinkenspeck läßt man langsam in Butter ausbraten. Noch bevor er ganz knusprig ist, schlägt man die Eier darüber und läßt sie bei kleiner Flamme allmählich stocken. Man ißt dazu Pell- oder Salzkartoffeln. Als Beikost ist frischer Salat beliebt.

»Försterling, ein Gericht bestehend aus Butter, Brot und Käse, so benannt nach dem Dresdner Kupferschmiedemeister Fried. Wilh. Emil Försterling, geb. 3. Sept. 1827, gest. 3. März 1872, der 1867 als Sozialdemokrat im Wahlkreis Chemnitz für den norddeutschen Reichstag gewählt wurde und der in der Reichstagswirtschaft für sich Butter, Brot und Käse bestellte, sei es weil der Mangel an Diäten ihn zu so einfacher Kost nötigte, oder weil er den üppig lebenden Herren der anderen Parteien ein Beispiel der Genügsamkeit geben wollte. Er wurde deshalb

gehänselt; in Chemnitz wie in Sachsen über-
haupt verlangte und erhielt man allenthal-
ben in den Gasthäusern Försterlinge; der
Ausdruck verlor sich in den großen Städten,
blieb aber in der ›Provinz‹ in Geltung.«
Karl Müller-Fraureuth

Heringe in Marinade
Eimarinierde Haaring

6–8 Salzheringe, 3 mittlere Zwiebeln, 3 Gewürz-
gurken, 2 Äpfel, 150 g Mayonnaise, 1 Zitrone,
1/2 l Vollmilch, etwas Zucker und Petersilie.

Die gutgewässerten Heringe enthäuten und
entgräten. Von den Zwiebeln Ringe, von
den Gewürzgurken und Äpfeln Würfel, von
der geschälten Zitrone Scheiben schneiden.
Aus der Mayonnaise, Milch und einer Messerspitze Zucker bereitet man eine Soße. Ihr
fügt man die Zutaten bei. Die Marinade
wird über die Heringsfilets gegeben und einen Tag ziehen lassen. Vor dem Essen wird
das Gericht mit Petersilie überstreut. Zu
ihm ißt man Pell- oder Salzkartoffeln.

Gebackene Heringe

Pro Person 2 frische grüne Heringe, Salz, Pfeffer,
Mehl, Zitronensaft, Fett zum Backen.

Die grünen Heringe nach dem 3-S-System
behandeln, Säubern – Salzen – Säuern. Anschließend filiert man die Heringe und
wälzt sie in Mehl. In der Pfanne Fett erhitzen und die Heringe von beiden Seiten
schön braun braten. Weinessig vermischt
man mit den gleichen Teilen Wasser, gibt
ihn in den Tiegel und läßt die Heringe darin
etwa 1 Stunde lang backen. Sie werden zu
Pellkartoffeln warm, aber auch kalt als Beikost zu Brot gegessen.

Heringshäckerle

4 Salzheringe, 1 saure Gurke, 2 Eier, 2 Äpfel,
2 Zwiebeln, etwas Öl und Zitronensaft.

Die gutgewässerten, gesäuberten Heringe
werden filiert und in kleine Stücke geschnitten. Nun würfelt man die hartgekochten Eier, die Äpfel und Gurke, hackt die Zwiebel

klein, vermengt alles mit den Heringsstück-
chen und beträufelt es mit Öl und Zitronensaft. Zugedeckt läßt man die Heringshäcker-
le über Nacht stehen, damit sie gut durchziehen können. Zu ihnen ißt man vorzugsweise Pellkartoffeln.

Aardäppelsupp

*1 kg Kartoffeln, 200 g Möhren, 200 g Kohlrabi,
200 g Porree, 2 Zwiebeln, 100 g Speck. Zum Würzen: Salz, Pfefferkörner, Selleriekraut, Lorbeerblatt. Pro Person eine Knack- oder Bockwurst.*

In einen großen Topf kommen kleingewür-
felt die Kartoffeln, Möhren, 1 Zwiebel, der
Kohlrabi und Porree und dazu alle Gewürze. Soviel Wasser aufgießen, damit die Zutaten bedeckt sind. Nun alles 3/4 Stunde garkochen und danach durch ein Sieb drük-
ken. Sollte die Masse zu dick sein, gibt man
soviel Wasser zu, bis eine schöne mitteldicke
Kartoffelsuppe daraus wird. In diese Suppe
gibt man die Wurst, bis sie heiß ist. Der
Speck wird glasig ausgelassen und die zweite
gewürfelte Zwiebel darin goldgelb ge-

schmort. Auf jede Portion kommt ein Löffel dieses Specks mit der Zwiebel und in die Suppe die heiße Wurst.

Aardäppelsupp mit schwarzer Worscht

500 g Kartoffeln, 400 g Blutwurst, 1 l Brühe, 75 g Speck, 1 Eßlöffel Mehl, 2 mittlere Zwiebeln, 2 Möhren, Selleriekraut, Petersilie, Majoran, etwas Pfeffer und Salz.

Die Kartoffeln schälen, garkochen und durchpressen. Inzwischen die kleingeschnittenen Möhren mit Speck- und Zwiebelwürfel anschwitzen, mit Mehl überstäuben, mit Brühe auffüllen und durchkochen. Diesem die durchgedrückten Kartoffeln zugeben und so lange kochen lassen, bis die Suppe sämig ist. Nun schmeckt man sie mit Salz, Selleriekraut, Majoran und Pfeffer ab. Die in Scheiben geschnittene Blutwurst wird leicht angebraten und vor dem Auftragen der Suppe zugegeben. Jede Portion wird mit gehackter Petersilie überstreut.

Aardäppelsupp mit brauner Zwiebel

1 kg Kartoffeln, 1/2 kg Zwiebeln, 1 l Fleischbrühe, 300 g Jagdwurst, 50 g Räucherspeck, Pfeffer, Salz, Petersilie.

Dem gewürfelten und gebratenen Speck fügt man die in Ringe geschnittenen Zwiebeln bei. Sobald sie sich bräunen, kommen die geschälten und kleingewürfelten Kartoffeln hinzu, die etwa 5 Minuten gebraten werden, anschließend mit der Fleischbrühe übergießen. Die Suppe mit Salz und Pfeffer abschmecken und 30 Minuten kochen lassen. Zum Schluß fügt man die gebratene Jagdwurst hinzu. Über jede Portion wird vor dem Auftragen frische kleingehackte Petersilie gestreut.

Aardäppelsupp mit Eierstock

»Waar A sogt, wie Aardäppelsupp, muß aah H sogn, wie Hühnerei«, soget mei Grußemutter dann, wenn se ihr Aardäppelsupp mit dan Eierstock machet.

1 kg Kartoffeln, 30 g Schweinefett, 3 Eier, 1 große Zwiebel, etwas Mehl und zum Abschmecken Salz, Pfeffer, Majoran.

Die kleingeschnittene Zwiebel im Fett goldgelb dünsten, anschließend 2 Eßlöffel Mehl für die Einbrenne dazugeben, mit Wasser löschen bis alles sämig ist. Inzwischen die kleingeschnittenen Kartoffeln kochen, wenn sie weich sind, abgießen und in die Einbrenne geben. Es muß eine schöne, nicht zu dicke Suppe ergeben. Mit Salz, Pfeffer und Majoran abschmecken. Pro Person kommt ein ausgeschlagenes Ei in die Suppe. Die Eier stocken lassen. Vor dem Auftischen über jede Portion Petersilie streuen.

Aardäppeln mit Laaber- un mit schwarzer Worscht

1 kg Kartoffeln, 200 g Leberwurst, 200 g Blutwurst, 500 g Sauerkraut.

Die Kartoffeln in der Schale kochen und als Pellkartoffeln auf den Tisch bringen. Dazu ißt man die Leber- und Blutwurst kalt. Sauerkraut nach dem üblichen Rezept anrichten und zu dem Gericht geben.

Ustersupp (erzgeb.)
Biersupp (vogtl.)

1/2 l helles Bier, 1/2 l Milch, 4 Eßlöffel Mehl, 2 Eigelb, 3 Eßlöffel Zucker, 20 g Butter, Rosinen, Semmelwürfel und etwas Salz.

In die Milch gibt man den Zucker, die Rosinen, Butter und etwas Salz und bringt sie zum Kochen. Das Mehl mit etwas kalter Milch glattrühren und in die kochende Milch geben. Die dicksämige Suppe mit dem Eigelb abziehen und das Bier einrühren. Die so entstandene cremige Suppe nicht mehr kochen. Mit etwas Butter die Semmelwürfel knusprig rösten und vor dem Auftragen auf die Suppe streuen.

Mittags ißt man »Ostersuppe«, d. i. Biersuppe, aus Bier oder Konvent, Eiern, Milch, Rosinen und Brod bestehend...
Moritz Spieß (1862) über erzgeb. Osterbräuche

Schwarzbeersupp

Zur Sommerzeit wurde in manchen Familien fast täglich Heidelbeersuppe aufgetischt, an heißen Tagen aß man sie vorzugsweise kalt.

250 g Heidelbeeren, 1 Apfel, 1/2 Päckchen Vanillepudding, 1/2 l Milch, geröstete Semmelwürfelchen, Zitronensaft, Zucker, etwas Salz.

Die Heidelbeeren verlesen und waschen. Mit 1/2 l Wasser ansetzen und den geschälten, gewürfelten Apfel dazugeben. Alles bei kleiner Hitze etwa 5 Minuten kochen lassen. Inzwischen das Puddingpulver in der Milch anrühren und in die kochenden Heidelbeeren gießen. Alles nochmals aufkochen lassen, bevor es mit Zitronensaft, Zucker und Salz abgeschmeckt wird. Zum Schluß die gerösteten Semmelwürfel auf die Suppe streuen. Soll das Gericht kalt gegessen werden, die Semmelwürfel weglassen.

Fliederbeersuppe (erzgeb.)
Hollunnersupp (vogtl.)

500 g reife Holunderbeeren, 1 l Wasser, 1 Apfel, 2 Nelken, etwas Zimt, Zitronenschale, Zucker und Mehl, geröstete Semmelbrösel.

Die gewaschenen Beeren von den Stengeln zupfen, mit Wasser ansetzen, den geviertelten, geschälten Apfel und die Gewürze beigeben. Bei kleiner Flamme etwa 1 Stunde kochen lassen. Danach die Beeren durch ein Sieb streichen und mit Mehl andicken. Mit Zucker abschmecken und vor dem Auftischen über jede Portion geröstete Semmelbrösel streuen.

Kümmelsupp

1 l Wasser, 1 Eßlöffel Kümmelkörner, 2 Scheiben Schwarzbrot, etwas Salz und Butter.

Das Wasser mit dem Kümmel zum Kochen bringen. Inzwischen das Brot zu Würfel schneiden. Das Wasser vom Feuer nehmen und die Brotwürfel zugeben. Die Suppe mit Salz abschmecken. Jeder Portion eine Messerspitze Butter beifügen.

Berghuhn
Das ist eine Suppe aus gesottenem und mit Salz vermischtem Wasser, in die man ein Stück Hefebrot schneidet.
LHA Dresden. Loc. 6396

Kürbissupp

500 g Kürbis, 1/2 l Wasser, 1/2 l Milch, 100 g Zucker, 3 Eßlöffel Mehl, 2 Nelken, 1 Stück Zimtrinde, Saft einer halben Zitrone, etwas Salz.

Den Kürbis waschen, schälen und in Würfel schneiden. In das Wasser Nelken und Zimtrinde geben und den Kürbis darin weichkochen. Nun passiert man ihn durch ein Sieb und fügt der breiigen Masse Milch zu und bindet alles mit Mehl sämig ab. Vor dem Auftragen die Suppe mit Zucker und Zitronensaft abschmecken.

Wellflaaschsupp

500 g Schweinskopf oder Bauchfleisch, 2 große Zwiebeln, Wurzelwerk, etwas Majoran, Salz, Pfeffer und für die Einlage 30 g Gries.

Das gereinigte Fleisch mit einer geviertelten Zwiebel und dem Wurzelwerk garkochen und abseien. Von der etwas abgestandenen Brühe das überschüssige Fett abschöpfen. In ihm die kleingeschnittene zweite Zwiebel rösten, in die Brühe geben und anschließend den Grieß einkochen. Nun das in kleine Würfel geschnittene Fleisch zufügen. Die Suppe schmeckt man mit Salz, Pfeffer und Majoran ab und läßt sie nochmals aufkochen, bevor sie auf den Tisch kommt. Das kräftige, sättigende Gericht ißt man bevorzugt in der kalten Jahreszeit. Als Beikost wird Vollkornbrot gereicht.

Buttermillichsupp

1/2 l Buttermilch, 1 Eßlöffel Stärkemehl, 2 Eßlöffel Zucker, etwas abgeriebene Zitronenschale, Butter und Salz.

Die Buttermilch, den Zucker und die Zitronenschale unter gleichmäßigem Rühren kochen lassen. Das in kaltem Wasser angerührte Stärkemehl beifügen, unter Rühren kurz aufkochen und danach 5 Minuten ziehen lassen. Mit Salz abschmecken. Beim Auftragen gibt man jeder Portion ein haselnußgroßes Stück Butter in die Suppe.

Schwammesupp

*500 g Waldpilze, 100 g Butter, 1 Zwiebel, 1/2 l
Brühe, 5 Eßlöffel Mehl. Zum Abschmecken Salz,
Pfeffer, zum Garnieren Petersilie.*

Die gesäuberten, gewaschenen Pilze mit der
geviertelten Zwiebel in 1 l Wasser garen. Danach schneidet man die Pilze in Scheiben
und brät sie in Butter. Das in Wasser ange-
quirlte Mehl allmählich der Brühe zugeben
und damit die Pilze übergießen. Nun
schmeckt man mit den Gewürzen ab und
verfeinert alles mit gehackter Petersilie.

Brennesselsuppe
Nesselsupp

*5–6 Handvoll junge Blätter der Großen Brennes-
sel, 1–2 Eigelb, 10 g Butter, etwas Mehl und Zitronensaft.*

Die gewaschenen Blätter mit reichlich Wasser dämpfen. Das Blattwerk muß vom Wasser bedeckt sein. Ist es weich, wird es ähnlich
dem Spinat, durch ein Sieb passiert. Gerät

der Brei zu dick, verdünnt man ihn mit Wasser. Nun wird die Suppe mit etwas Mehl gebunden und mit dem Eigelb abgezogen. Danach kommt Salz und je nach Geschmack, Zitronensaft hinzu. Zur Verfeinerung gibt man jeder Portion ein haselnußgroßes Stückchen Butter bei.

Der Volksglaube will wissen: Brennesseln haben die Kraft, Hexen und bösen Zauber fernzuhalten. In der sympathischen Medizin dient sie dazu, das Fieber zu bannen, das man sich verursacht dachte durch einen Dämon, der den Menschen hin und her schüttelt. Im Aargau hielt man die Brennesselbüsche für den Aufenthalt der Totenseele. Die siebenbürgischen Zeltzigeuner glaubten, wo Nesseln wachsen, sei der Eingang zur Wohnung unterirdischer Geister. In Mecklenburg heißt die Brennessel Dunnernessel (Donnernessel). Im Erzgebirge und Vogtland bedeckte man früher die Bierfässer bei Gewitter mit Brennesseln, weil man glaubte, dann werde das Bier nicht sauer.

Sauerkrautsupp

Das ist eine kräftige Mahlzeit, wie sie bei Waldarbeiterfamilien im Schwarzwassertal bereitet wurde.

500 g Sauerkraut, 5 mittlere Zwiebeln, 1 l Schweinsbrühe, 2 Eßlöffel Mehl, 1 Eßlöffel Schweinefett, Kümmel, Bohnenkraut, Salz, Pfeffer und Semmelbrösel.

Die Zwiebeln zerhackt man mit dem Messer, dünstet sie bei kleiner Flamme im Schweinefett und siebt danach das Mehl darüber. Inzwischen das Sauerkraut in der Brühe ankochen, mit Kümmel und Bohnenkraut würzen. Nun mischt man die Zwiebeln mit dem Kraut und läßt es bei kleiner Hitze garkochen. Am Ende wird das Ganze mit Salz und Pfeffer abgeschmeckt. Über das fertige Gericht werden die gerösteten Semmelbrösel gestreut. Am besten schmeckt dazu gebratene Blutwurst.

Krautbauernsupp

500g Weißkraut, 1l Brühe, 5 Kartoffeln, 50g Schweinefett, 1 Zwiebel und zum Abschmecken Salz, Kümmel, Pfeffer, Essig.

Der Brühe fügt man das zerkleinerte Kraut, die gewürfelten Kartoffeln und die Gewürze zu. In einer Pfanne aus Schweinefett, Mehl und der kleingewürfelten Zwiebel eine Einbrenne bereiten, die man der Suppe zufügt. Nun bekommt sie einen Schuß Essig und wird eine Weile kochen lassen, bis Kraut und Kartoffeln weich sind.

Kaffeesupp

Um 1700 bereitete man im Erzgebirge dieses einfache, sättigende Gericht. Als Kaffee galt damals der Aufguß aus geröstetem Korn oder gerösteter Gerste.

3 Scheiben Schwarzbrot, 1/4l Milch, 2 Eßlöffel Zucker und 3/4l Kaffeeaufguß.

Das Brot wird in Häppchen geschnitten und in den heißen Kaffeeaufguß gestrichen. Danach fügt man die Milch und den Zucker hinzu. Nach kurzem Aufkochen wird die Suppe vom Feuer genommen und heiß aufgetragen.

Süße Brotsupp

200 g altbackenes Vollkornbrot, 1 l Wasser, 1/4 l Milch, 50 g Zucker, 50 g Rosinen, 1 Stück Zitronenschale, Zimtrinde, 2 Nelken, 1 Eßlöffel Butter, etwas Salz.

Das kleingeschnittene Brot in Wasser einweichen, danach mit den Gewürzen kochen. Die so entstandene Masse durch ein Sieb streichen, Milch, Butter und Zucker hinzufügen und mit Salz abschmecken. Nach nochmalig kurzem Aufkochen ist das Gericht tischfertig.

Zwiebelsupp

1 l Fleischbrühe, 2 große Zwiebeln, 2 Eier, etwas Mehl, Salz, Pfeffer und Petersilie.

Die geschälten Zwiebeln in Scheiben schneiden und in die Brühe geben. Nun Mehl und Eier verquirlen und langsam in die kochende Brühe gießen. Nach kurzem Aufkochen mit den Gewürzen abschmecken und die gehackte Petersilie darüberstreuen. Die Suppe wird heiß aufgetragen und gegessen.

»In der Gegend von Oberrittersgrün im Erzgebirge, gibt es in den Bauernhäusern tagaus, tagein zum Abendbrot eine würzige Knoblauchsuppe... Ihr Rezept ist zu behalten, ist nicht schwer: Ein guter Topf Wasser, etwa zwei Hände voll sauber geputzter Knoblauchzehen, die immer einmal durchgeschnitten werden, ein Stück Butter, Salz. Das Ganze muß recht lang kochen und schmeckt dann ähnlich wie eine Fleischbrühe. In die fertige Suppe kommen Semmelbröckchen...«
Ph. Schmidt

Schrutsupp

*100g Weizen- oder Roggenkörner, 3/4l Milch,
Zucker, Salz, 1/2Eßlöffel Butter.*

Die mit der Kaffeemühle zerschrotenen
Körner werden über Nacht mit Wasser bedeckt eingeweicht. Tags darauf wird der Ge-
treideschrot mit Milch und den übrigen Zutaten rasch unter Umrühren zum Kochen
gebracht. Vor dem Auftragen fügt man jeder Portion etwas Butter zu.

Grießbrei

*1l Milch, 100g Grieß, 20g Butter, 2Eßlöffel
Zucker, etwas Salz.*

Die siedende Milch mit etwas Salz würzen
und unter Rühren den groben Grieß beifügen. Feinen Grieß rührt man in etwas zu-
rückgehaltener Milch an und gießt ihn sofort in die siedende Milch. Unter ständigem
Rühren läßt man den Grießbrei etwa 10 Minuten lang kochen. Mit zerlassener Butter
übergießen und mit Zucker bestreuen.

Hirsebrei

Bei traditionsbewußten Familien gehört auch heute noch Hirsebrei zum »Neunerlei« am Heiligabend.

250 g Hirse, 1 l Milch, etwas Salz, Butter, Marmelade oder eingemachte Früchte.

Die Hirse waschen und anschließend mit Milch ansetzen. Nachdem man etwas Salz zugab, kommt sie aufs Feuer, nach dem Aufkochen bei kleinstem Feuer ausquellen lassen. Nun fügt man jeder Portion ein kleines Stückchen Butter hinzu, nach Belieben Marmelade oder eingemachte Früchte, überstreut sie mit Zucker und bringt den Brei heiß auf den Tisch.

Schwarzbeer-Eibrock

150 g Heidelbeeren, 1/2 l Milch, 2 Scheiben Weißbrot, 2 Eßlöffel Zucker.

Die Heidelbeeren verlesen, waschen und mit dem Zucker kurz kochen lassen. Nach dem Abkühlen in eine Schüssel geben und die Milch zufügen. Nochmals abschmecken, ob das Gericht süß genug ist. Kurz vor dem Verzehr das Brot hineinbrocken. Beliebt ist das Gericht für heiße Sommertage.

Leiölhammeln

2–3 Scheiben hartes, altbackenes Brot, 1 Tasse Kaffee, 30 g Leinöl, etwas Salz.

Das harte Brot in 2–3 cm große Häppchen schneiden und mit dem frischgekochten Kaffee übergießen. Dadurch quillt das Brot und entzieht ihm das Treibmittel. Nach ein paar Minuten den Kaffee abseihen und das Brot mit frisch geschlagenem Leinöl übergießen. Nachdem man alles ein wenig durchmischt hat, kann das Essen beginnen.

Sammelmillich

»Sammelmillich« galt früher als Vor- oder Beikost zum Festessen und gehörte bei vielen Familien zum traditionellen »Neunerlei« am Heiligabend.

150 g Semmel oder Weißbrot, 1 l Milch, 100 g Zucker, etwas Vanillinzucker, Zimt.

Die Semmeln oder das Weißbrot in nicht zu kleine Stücke zerpflücken, in eine Schüssel geben, mit kalter Milch übergießen und zuckern. Nach 5 Minuten mit dem restlichen Zucker und Vanillezucker abschmecken und mit Zimt überstreuen.

Rik, brock de Sammelmillich ei,
nasch oder net dervu...
Aus: Heiligobndlied (um 1830)

Zudelsupp

Dieses einfache Mahl rettete die meisten Bewohner über die Hungerzeit nach dem Zweiten Weltkrieg hinweg. Zudelsupp kam wenigstens einmal täglich auf den Tisch, bei vielen Familien morgens, mittags und zum Abend.

150g geschälte, rohe Kartoffeln, 1 l Wasser, Selleriekraut, Pfeffer und Salz.

Die Kartoffeln werden in das kochende Wasser gerieben. Danach fügt man das Gewürz hinzu und läßt die Suppe aufkochen, bis sie schlierig ist. Zur Verfeinerung kann man ihr eine kleine Portion gekochtes Sauerkraut zufügen.

Semmelgeräusch

150–200g altbackenes Weißbrot oder Semmeln, 1 l Milch, 4 Eier, 100g Speck, 2 Zwiebeln, Salz und Pfeffer.

Die Semmeln oder das Weißbrot würfeln, die Eier mit der Milch verquirlen, mit Salz und Pfeffer abschmecken und die Brotwürfel zufügen. Sie läßt man in der Milch 1/4 Stunde weichen. In der Zwischenzeit in einer hohen Pfanne den Speck ausbraten, bis er leicht glasig ist, und dann darin die gehackten Zwiebeln schmoren. Nun gießt man die Semmelmilch darüber und rührt dabei leicht um. Das Ganze läßt man in der Röhre bei 200 Grad 30 Minuten lang backen und bringt es warm auf den Tisch. Als Beikost dient frischer Blattsalat. In manchen Familien wird das Semmelgeräusch auch wie Gemüse gebraucht, zu dem man Pellkartoffel oder Salzkartoffel reicht.

Arme Ritter

6 altbackene Brötchen, 3/4 l Milch, 2 Eier, Semmelbrösel, Bratfett, Zucker, Zimt.

Die Brötchen werden halbiert. Mit der Gabel sticht man mehrmals die Rinde ein. Dann Milch und Eier in einer breiten Schüssel verquirlen und die Brötchen mit der Rinde nach unten in die Eiermilch legen. Sobald die Brötchen schön weich sind, werden sie in Semmelbrösel gewendet und in heißem Fett von beiden Seiten knusprig gebacken. Mit Zucker und Zimt bestreut kommen sie auf den Tisch. Man ißt dazu Heidelbeer- oder anderes Beerenkompott.

Kartoffelauflauf
Aardäppelauflaaf

1 kg rohe Kartoffeln, 200 g Räucherspeck, 2 Zwiebeln, Salz, Pfeffer, Bohnenkraut oder Majoran.

Man schält die Kartoffeln, reibt sie und preßt die Masse leicht aus. Den Räucherspeck schneidet man in Streifen und legt damit kreuzweise den Boden eines Topfes aus. Nun streicht man die mit gehackter brauner Zwiebel, Salz, Pfeffer, Bohnenkraut oder Majoran durchmengte Kartoffelmasse in den Topf. Nach einer Stunde Backzeit nimmt man den Auflauf aus der Röhre und bringt ihn mit Sauerkraut und Bratwurst auf den Tisch.

Aardäppelklitscher

1500 g Kartoffeln, 1/4 l Buttermilch, 2 Eier, 3 mittlere Zwiebeln, 5 Eßlöffel Speiseöl, Salz und Zucker.

Die Kartoffeln schälen und reiben, danach leicht ausdrücken und mit der Buttermilch, den Eiern, der feingehackten Zwiebel und etwas Salz vermischen. Der so entstandene Teig wird portionsweise in die Pfanne mit dem heißen Öl gegeben und auf beiden Seiten goldbraun gebraten. Die heiß auf den Tisch kommenden Puffer werden mit Zukker bestreut oder auch nur mit Butter bestrichen. Als Zukost ißt man Heidelbeerkompott oder Apfelmus.

Sauerkrautklitscher

500 g rohe Kartoffeln, 200 g frisches Sauerkraut, eine mittlere Zwiebel, ein Ei, Salz und zum Backen Speiseöl oder Pflanzenfett.

Die rohen Kartoffeln schälen, reiben und mit dem kleingeschnittenen Sauerkraut vermischen. Nachdem man den Teig mit Salz abschmeckte, gibt man ihn portionsweise in das heiße Öl oder Fett in der Bratpfanne. Darin läßt man die kleinen Puffer auf beiden Seiten goldgelb backen. Die Klitscher kommen heiß auf den Tisch. Als Beikost schmeckt am besten Apfelmus, auch anderes eingemachtes Obst ist geeignet.

Grüne Dalken

Das ist ein altes, einfaches und herzhaftes Gericht aus der Seiffener Gegend.

1500 g rohe, 500 g gekochte Kartoffeln, 250 g Quark, Leinöl zum Ausbacken sowie etwas Salz und Kümmel.

Die rohen Kartoffeln werden geschält, gerieben und leicht ausgedrückt. Danach vermischt man sie mit den ebenfalls geriebenen gekochten Kartoffeln und dem Quark und schmeckt die Masse mit Salz und Kümmel ab. Nun gibt man handtellergroße Portionen in eine Pfanne mit heißem Leinöl und bäckt sie auf beiden Seiten goldbraun.

Vugelhei

3 Scheiben Brot, 3 Eier, 1/2 Tasse Milch, Butter, etwas Salz und Pfeffer.

Das Brot in Häppchen schneiden und in der Butter rösten. Inzwischen die Eier mit dem Gewürz verrühren, mit der Milch vermengen und über das geröstete Brot gießen. Bei kleiner Flamme die Masse rühren, bis sie gebacken ist. Als Beikost schmecken eingezuckerte Früchte.

Staagerieder

6 mittlere Kartoffeln, 60 g Speck, eine große Zwiebel, 200 g Blutwurst, 3 Eier, knapp 1/2 l Milch, Pfeffer, Salz.

Der gewürfelte Speck und die kleingeschnittene Zwiebel werden in einer hohen Pfanne glasig gebraten. Vom Feuer genommen, werden die rohen, geschälten, kleingeschnittenen Kartoffeln über den Speck verteilt. Darüber die kleingewürfelte Blutwurst streuen. Nun verquirlt man Milch und Eier, schmeckt sie mit Salz und Pfeffer ab und gießt sie über die Kartoffel- und Blutwurstwürfel. Das Ganze wird bei 200 Grad 1/2 bis 3/4 Stunde gebacken. Zum heiß auf den Tisch gebrachten Staagerieder ißt man frischen Blatt- oder Tomatensalat.

Neigedrückte Kließ

Das Rezept stammt von der Zollfrank-Frieda aus Breitenfeld. Sie schwört auf das Gericht.

750 g Kartoffeln, 1/4 l Buttermilch, etwas Mehl, Salz und Fett zum Ausbacken.

Die rohen Kartoffeln werden geschält, gekocht und gerieben. Danach die Masse mit Salz abschmecken, mit Mehl und Buttermilch zu einem dicken Brei verrühren. Von ihm gibt man mit dem Löffel kleine Häufchen in das heiße Fett eines Tiegels, drückt sie etwas an (daher der Name) und läßt sie goldbraun backen. Gereicht werden die Klößchen zu einer kräftigen Zwiebelbrühe.

Apfelpfanne

1 kg reife Äpfel, 125 g Butter, 100 g Zucker, 6 Scheiben Röstbrot, abgeriebene Zitronenschale, 1/4 l Wasser, 1 Gläschen Rum, Vanillezucker.

Die gewaschenen, geschälten und vom Kernhaus befreiten Äpfel werden geviertelt. In das Wasser gibt man den Zucker und kocht darin die Apfelstücke bis sie weich sind, dann den Rum hinzugeben. Die Brotscheiben werden in zerlassene Butter getaucht, daß sie sich ein wenig vollsaugen. Mit der Hälfte davon wird der Boden der Auflaufform ausgelegt. Darauf streicht man die Äpfel und deckt sie mit der anderen Hälfte der Brotscheiben ab. Bei mäßiger Hitze läßt man die Apfelpfanne in der Röhre etwa 45 Minuten lang backen. Danach wird sie auf einen flachen Teller gestürzt und mit Vanillezucker bestreut. Will man das Backwerk verfeinern, kann Vanillesoße dazu gereicht werden.

Speckpfanne

1000 g Kartoffeln, 200 g Speck, 1 große Zwiebel, etwas Pfeffer und Salz.

Die rohen Kartoffeln schälen, reiben und die Masse leicht ausdrücken. Den Boden einer Pfanne mit dem in Scheiben geschnittenen Speck belegen. Die Zwiebeln kleinschneiden und mit einem Teil des Specks unter Umrühren bräunen, mit Salz und Pfeffer abgeschmeckt, der Masse zufügen. Sie streicht man nun in die Pfanne und läßt sie etwa 1 Stunde bei nicht zu großer Hitze überbacken. Die Speckpfanne kommt heiß auf den Tisch.

Eierpfanne

1000 g Kartoffeln, 2 Eßlöffel Margarine, 100 g Schnittkäse, 6 Eier, 1/2 l Sahne, etwas Salz.

Die gekochten Kartoffeln vom Vortag schälen, in Scheiben schneiden und damit die mit Margarine gefettete Pfanne auslegen, den Käse darüber reiben und das Ganze leicht erhitzen. Inzwischen die Eier mit der Sahne verrühren, mit Salz abschmecken und über die Kartoffeln gießen. Bei gleichmäßiger Hitze läßt man die Eierpfanne in der Röhre backen. Als Beikost ist frischer Blatt- oder Gurkensalat beliebt.

Schusterpfanne

125 g Speck, 4 große Kartoffeln, 4 Eier, etwas Pfeffer und Salz.

Mit den in Scheiben geschnittenen Speck legt man eine große Pfanne aus und läßt ihn so lange braten, bis er glasig ist. Darauf breitet man dünne Scheiben von den rohen gewaschenen und geschälten Kartoffeln. Bei kleinem Feuer das Ganze zugedeckt 10 bis 15 Minuten brutzeln lassen. Nun gießt man die verquirlten Eier darüber und läßt sie stocken. Das Gericht kommt gestürzt auf den Teller.

Blutwurstpfanne

500g Kartoffeln, 500g Blutwurst, 2 Eßlöffel Margarine, 150g Mehl, 2 Eier, 1 Tasse Wasser, Salz, Pfeffer, Schnittlauch.

Die Kartoffeln nach dem Kochen abpellen, in Scheiben schneiden, in der zerlassenen Margarine goldgelb braten und mit Salz und Pfeffer würzen. Danach fügt man die kleingeschnittene Blutwurst zu und vermengt sie mit den Kartoffeln. Inzwischen wird aus dem Mehl, den Eiern, etwas Wasser und Salz ein schlanker Teig gerührt. Ihn gießt man über das Kartoffel-Blutwurstgemisch. In der vorgeheizten Backröhre wird das Pfannengericht kurz überbacken. Auf einem Teller gestürzt, kommt es heiß auf den Tisch. Der kleingeschnittene Schnittlauch wird zum Schluß darübergestreut.

Manchmal schmeckt mir's,
manchmal nich,
manchmal schmeckt mir's fürchterlich.
Redensart

Brennesselpfanne

1 kg junge Brennesselblätter, 250 g hartes Brot, 50 g Fett, 1 Ei, 1 Zwiebel, etwas Dill, Bohnenkraut oder Basilikum, Salz und Pfeffer.

Die verlesenen und gewaschenen Brennesseln in reichlich Wasser weichdünsten, etwa 1/4 Stunde, danach abgießen und kleinschneiden oder durch den Fleischwolf drehen. Das Brot kleinwürfelig schneiden und in dem Fett rösten. Die Kräuter werden gehackt und mit dem Ei verquirlt. Alle Zutaten gut durchrühren und mit den Gewürzen abschmecken. Die Masse wird in eine gefettete Auflaufpfanne gefüllt und bei mittlerer Hitze in der Röhre gebacken. Die Pfanne wird in Portionen heiß auf den Teller gebracht.

Quarkklößchen mit Apfelmus
Quarkkließle mit Äppelbrei

500 g Quark, 200 g Grieß, 3 Eier, etwas Butter und Zucker.

Aus Quark, Grieß und Eiern rührt man einen Teig zusammen, der 1/2 Stunde stehen bleibt, bevor daraus mit nassen Händen kleine runde Klößchen geformt werden. Die gibt man in kochendes Salzwasser und läßt sie zugedeckt bei kleinem Feuer 10 Minuten köcheln. Sie kommen warm auf den Tisch, werden mit brauner Butter übergossen und mit Zucker bestreut. Dazu ißt man Apfelmus oder eingezuckerte Waldfrüchte.

Kame de Enkelkinner nooch Braatenbrunn in de Schulferie, haaßet's: »Grußemutter, mach när wieder emol deine Quarkkließle. De waßt schu, die mit brauner Butter. Mer laasen derwalle de Auguster auf fern Äppelbrei!« Nort hot de Grußemutter dan Kinnern zen Gefalln ihre Quarkkließle gemacht. Un wall daar Äppelbrei net fartig worn wär, hot se e Glas Eigewecktes aus'n Kaller raufgehult.

Schwarzbeergetzen

600 g Heidelbeeren, 125 g Mehl, 60 g Zucker, 2 Eier, 1/4 l Milch, Speiseöl, geriebener Zwieback und etwas Salz.

Zucker und Salz in den Eiern verquirlen und nach und nach Mehl und Milch zugeben und daraus einen gutgeschlagenen Teig bereiten. In einer breiten Pfanne erhitzt man das Öl, gibt den Teig hinein und schiebt sie in die vorgeheizte Ofenröhre. Nach kurzer Backzeit streicht man die Heidelbeeren auf den Teig, streut geriebenen Zwieback darüber und läßt das Ganze bei mittlerer Hitze so lange weiterbacken, bis die Ränder goldgelbe Farbe haben. Das fertige Gericht wird mit Zucker bestreut und warm auf den Tisch gebracht.

Pflaumegetzen

100g Mehl, 1/4 l Milch, 250g Pflaumen, 50g Zucker, 1 Ei, etwas Butter, Salz.

Milch, Mehl, Ei und Salz werden verquirlt und in eine mit Butter ausgestrichene Auflaufform gegossen. Hier läßt man den Teig etwas stocken. Inzwischen die Pflaumen verlesen, waschen und entkernen und danach, reichlich mit Zucker bestreut, auf den Teig verteilen. In der Backröhre läßt man den Getzen bei mittlerer Hitze etwa 30 Minuten backen. Der Pflaumengetzen wird warm gegessen.

Buttermillichgetzen
Wie mer ne aah sinst noch macht

1 kg Kartoffeln, 1/2 l Buttermilch, 150g Speck, 2 mittlere Zwiebeln, etwas Salz und Kümmel.

Die Kartoffeln schälen, reiben und leicht ausdrücken. Dann die Buttermilch und klargehackten Zwiebeln untermischen und mit Salz und Kümmel würzen. Etwas Speck

in kleine Würfel schneiden und in der guß-
eisernen Pfanne auslassen. Darüber gibt
man die sämige Masse und rührt einmal
durch. Den restlichen Speck in Scheiben
obenauflegen. Bei mittlerer Hitze etwa
30 Minuten auf beiden Seiten goldbraun
backen lassen. Das Gericht wird warm aufgetischt. Dazu ißt man Kompott, am liebsten
Heidelbeeren.

Ne Richter-Fried of Ehrenfriederschdorf sei
Klaaner kam emol ze senn Voter, heilet, wos
is Zeig hielt, un sat: »Voter, dr Gottlieb frißt
de Haut vun Getzen ro!«
Do schrier ne dr Alte a: »Nu du dummer
Gung du! – Do fraß doch aah miet!«
O. Wanckel (1895)

Kartoffelpuffer
Pfannekluß (erzgeb.)
Bambes (vogtl.)

1 kg rohe, 2–3 gekochte Kartoffeln, 1/4 l Butter-
milch, etwas Salz, Fett und Zucker.

Die rohen Kartoffeln reiben und den Teig
mäßig ausdrücken. Danach die geriebenen
gekochten Kartoffeln zufügen und mit der
Buttermilch zu einem geschmeidigen Teig
verrühren. Die Masse schmeckt man mit
Salz ab, füllt sie in die mit Fett oder Talg
ausgestrichene heiße Pfanne und bäckt sie
von beiden Seiten goldgelb. Das Gebäck
kommt heiß auf den Teller und wird vor
dem Verzehr mit Zucker bestreut. Als Beikost schmecken am besten eingezuckerte
Heidelbeeren oder Apfelmus.

Den Pampus bäckt man aber nicht im Hau-
se, sondern trägt ihn allgemein zum Bäcker,
dessen Geselle als eine Extraeinnahme das
geringe Backgeld (in Reichenbach 3 Pfenni-
ge) dafür erhält. Gegessen wird der Pampus

mit eingelegten Preiselbeeren, oder mit der sogenannten »Ehestandsbrühe«, welche aus Essig und Syrup besteht.

Dr. Joh. Aug. Ernst Köhler (1867)

Rauchemad (erzgeb.)
Nackete Maadle (vogtl.)

250 g Kartoffeln, ein Eßlöffel Mehl, etwas Salz und als Belag Marmelade oder Sirup.

Die Kartoffeln kochen und abkühlen lassen. Nachdem man sie geschält hat, in eine Pfanne reiben (Antihaftpfanne). Die Masse mit etwas Mehl bestäuben, mit Salz abschmekken und leicht andrücken, so daß ein fingerdicker Fladen entsteht. Der wird ohne Fett einseitig gebacken. Gestürzt kommt er auf den Teller, wird mit Marmelade oder Sirup bestrichen und heiß gegessen.

Wenn im Vogtland ein beliebtes Kartoffelgericht »nackete Maadle« heißt, dann spricht aus diesem Ausdruck der Humor, der dem Vogtländer eigen ist. Die »nacketen Maadle« sind ein nacktes, das heißt einfaches Gericht. Geriebene gekochte Kartoffeln werden mit Mehl unter Zusatz von Zucker und etwas Salz zu einem Teig gemengt, der in einer mit Fett ausgestrichenen Pfanne gebacken wird.

Dr. Friedrich Barthel

Wie de Rauchemad gebacken werd

E Matz Aardäppeln hult mer rei
un wäscht se, 's derf kaa Drack dra sei.
Nu werd dos Faule rausgestochen,
nort läßt mer'sche racht schie waach kochen.
Mer schölt se dann – es is gesünder –
(bei uns do machen's när de Kinner),
nort sorgt mer, doß se warm net bleibn,
wall kalt se sich viel besser reibn.
Mer nimmt dos Rieweisen nei de Hand,

wos dos is, is doch wuhl bekannt.
E geder, wos verheirat is,
hot aans, dos waß ich ganz gewiß.
De Aardäppeln rebbt mer nu fei
racht klar in e raa Schüssel nei
un schütt – nu itze paßt fei auf,
zwee Seidle Buttermillich drauf.
Enn tüchtign Löffel Salz un Maahl –
un soll de Rind waarn fei racht gaahl,
muß mer de Pfann mit Leiöl schmiern
(mit Spackschwart ka mer'sch aah pro-
biern).
Dr Taag werd nei dr Pfann gequetscht
un of de Platt fix higesetzt.
Nort nimmt mer'n Hader nei de Händ,
zer rachten Zeit werd ümgewendt.
Dos haaßt, doß niemand Dummhaat macht,
sist wür er daamisch ausgelacht,
de Rauchemad bluß wendt mer fei,
dos Weiße ubn muß unten sei.
Wenn nu de Nos wos wittern tut,
is aah de Rauchemad ball gut.
Un waar'sche su nooch Vürschrift bäckt,
ka Gift drauf namme, doß se schmeckt.

Anton Salzer (1919)

Luckerhus

500 g Kartoffeln, etwas Mehl, Butter oder Leinöl, Salz.

Die Kartoffeln kochen, schälen und reiben, danach mit Mehl mischen und mit Salz abschmecken. Es muß eine lockere Masse entstehen, etwa wie bei Streuseln des Streuselkuchens. Nun streicht man die Pfanne mit Butter oder Leinöl aus und läßt die lockere Masse goldgelb backen. Die Speise kommt heiß auf den Tisch. Als beliebte Zukost werden Blaubeeren, Johannisbeeren oder Apfelmus gereicht.

Kaasmerte*

250 g Kartoffeln, 70 g Reibekäse, 50 g Butter oder Speck, etwas Salz.

Die gekochten Kartoffeln abkühlen lassen. Nach dem Schälen reibt man sie, ebenso den Käse. Beides vermengen und die Masse etwa fingerdick in eine Pfanne drücken, in die man vorher Butter gab oder den gewürfelten Speck. Den Fladen gut durchbacken und ihn heiß auf den Tisch bringen.

* abgeleitet von mhd. merde, mert, was soviel heißt wie Abendbrot, also ein mit Käse zubereitetes Abendbrot.

Heidelbeerauflauf
Schwarzbeerpfann

300 g Heidelbeeren, 1/2 l Milch, 3 Eier, 100 g Weißbrot, 100 g Mehl und Butter zum Ausbacken.

Milch, Eier, Weißbrotwürfelchen, Mehl und etwas Salz miteinander verquirlen. Danach die Heidelbeeren zuschütten und den so entstandenen Teig kellenweise in die Pfanne geben und beiderseits backen.

Dippe, dippe Ehregott,
ich hob menn Topp voll Beer gepflockt.
Waar senn Topp net voller hot,
daar is e fauler Ehregott.
Kimmt de Mutter mit dr Ufengabel,
schlögt mich of menn Beerschnabel.
Mutter, schlog mich net ze sehr,
ich hob menn Topp voll schwarze Beer.
Kinderreim beim Heidelbeersuchen

Erzgebirgische Dampfnudeln

500 g Mehl, 2 Eßlöffel Zucker, 50 g Fett, 1/8 l Milch, 20 g Hefe, etwas Salz.

Aus den Zutaten bereitet man einen geschmeidigen Teig, der an einem warmen Ort, mit einem Tuch bedeckt, gehen muß. Aus ihm Kugeln formen, die in einer gefetteten Form nebeneinandergesetzt nochmals gehen müssen. Dann schiebt man die Form in die vorgeheizte Röhre. Sobald die Klöße sich braun färben, mit der kochenden Milch übergießen und einziehen lassen. Aus der Röhre nehmen und heiß auf den Tisch bringen. Am besten schmecken Dampfnudeln mit Vanillesoße.

Süße Wickelklöße

500 g Mehl, 25 g Hefe, 50 g Butter, 1/3 l Milch, etwas Salz, 500 g Birnen.

Aus den Zutaten einen geschmeidigen Teig kneten und an einer warmen Stelle gehen lassen. Danach den Teig nicht ganz fingerdick ausrollen und mit zerlassener Butter bestreichen. Vom Teig schneidet man etwa 6 cm breite, 25 cm lange Streifen, die man zusammenrollt und aufrecht in eine mit Butter ausgestrichenen Pfanne stellt. Dazwischen werden die geschälten und vom Kerngehäuse befreiten Birnen gesteckt. Sobald die Klöße gut aufgegangen sind, mit 1/4 l heißer Milch übergießen, mit Butterflöckchen belegen und bei guter Hitze 1 Stunde lang backen. Die Wickelklöße werden heiß auf den Tisch gebracht. Man kann sie verfeinern, indem man jede Portion mit Vanillesoße übergießt.

Kalter Ma

500g Mehl, 125g Margarine, 1 Tasse Buttermilch, 1 Päckchen Backpulver, 125 g Korinthen, etwas Butter, Salz, Zimt und Zucker nach Belieben.

Alle Zutaten (außer Zucker und Zimt) gut vermengen und unter allmählicher Zugabe von Buttermilch, einen schönen geschmeidigen Teig bereiten. Den füllt man in eine Pfanne und bäckt ihn im Backofen bei gleichmäßiger Hitze gut aus. Bevor man das Gebäck aufträgt, wird es mit Butter bestrichen und mit Zucker und Zimt bestreut. Das Gericht kann warm, aber auch kalt gegessen werden.

Sächsische Hefeplinsen

500g Weizenmehl, 2 Eier, eine Tasse Milch, 40g Hefe, einen Eßlöffel Zucker und etwas Salz.

In die Mitte des durchgesiebten Mehles eine kleine Vertiefung formen und mit lauwarmer Milch das Hefestöckchen ansetzen und

10 Minuten lang gehen lassen. Danach die Eier, den Zucker und etwas Salz zufügen und daraus einen Teig kneten. Durch allmähliche Zugabe von etwas lauwarmer Milch ihn schön geschmeidig kneten. Den Teig nochmals 10 Minuten gehen lassen, bevor man kleine Klößchen formt, breitdrückt und in heißem Fett beidseitig goldgelb bäckt. Die Plinsen kommen warm auf den Tisch. Als Beikost eingemachtes Obst. Besonders gut schmecken sie mit Vanillesoße.

Hefeklöße
Hefenkließ

1000 g Mehl, 60 g Hefe, lauwarme Milch, Zucker, 2 Eier, 100 g Butter, Salz.

Aus dem durchgesiebten Mehl formt man ein Häufchen, macht eine Mulde und gießt die Hefe, in etwas Milch aufgelöst, hinein, rührt sie mit etwas Mehl zu einem weichen Teig und läßt das Hefestück unter einem Tuch an einem warmen Ort etwa 15 Minuten gehen. Danach gibt man 4 Eßlöffel Zucker, die Eier, 1 Teelöffel Salz, die weich-

gehaltene Butter und so viel lauwarme
Milch hinzu, daß ein etwas fester Teig entsteht, der nun gut durchgeknetet wird. Über
den Teig etwas Mehl streuen und mit einem
Tuch bedecken, damit er langsam gehen
kann. Danach auf dem mit Mehl bestreuten
Kuchendeckel zu einer Wurst formen und
auf einem Blech aufgehen lassen. Man kann
dem Teig auch spezielle Formen geben, so
z. B. die eines runden Brotes. Bei gleichmäßiger Hitze wird das Ganze im Ofen gebak-
ken, bis es eine goldgelbe Farbe hat. Hefe-
klöße werden gewöhnlich schon warm verzehrt. Der Kuchen hält sich aber auch in einem Steinguttopf lange frisch.

Hopsasa, stirbt mei Fraa,
namm ich mir e annere,
namm ich mir de Bäckenrus
bäckte se mir enn Hefenkluß,
bäckt se aah Rosining nei,
muß ich aah zefrieden sei.
Kirchberg

Zinnwalder Apfelstrudel

300 g Mehl, 80 g Butter oder Margarine, 3 Eßlöffel Leinöl oder Butter zum Bestreichen, 1 Ei, 1/2 l Milch, 1 kg Äpfel, 80 g Zucker, 1 abgeriebene Zitrone, Zimt, eine Prise Salz.

Aus den Zutaten (außer Zucker, Zimt und Butter zum Bestreichen) kneten wir einen festen Teig, ziehen ihn auf einer Serviette, die auf das Kuchenbrett gelegt wird, dünn aus. Dann bestreichen wir den Strudel mit zerlassener Butter. Die Äpfel werden gewaschen, geschält und geraspelt und auf dem Strudel gleichmäßig verteilt. Darauf wird der mit Zimt vermischte Zucker gestreut. Einen Teil davon für später aufheben. Mit zwei Zipfel der Serviette rollen wir den Strudel auf, setzen ihn, zu einem Kranz geformt, auf ein Backblech. Bei mittlerer Hitze mindestens 45–50 Minuten backen. Den heißen Strudel bestreichen wir mit zerlassener Butter und bestreuen ihn mit dem Zimtzucker. Das Gebäck kann warm, aber auch kalt gegessen werden.

Näpplepfann oder Pudelmütz

375 g Mehl, 3/4 l Milch, 4 Eier, 1/2 Teelöffel Salz, 150 g Zucker.

Dem Mehl fügt man nach und nach die Milch, Eidottern, Zucker, Salz und das zu Schnee geschlagene Eiweiß zu. Die Milch allmählich zugeben, damit der Teig nicht zu dünn wird. Daraus knetet man einen geschmeidigen Teig, der dann in eine Näpfchenpfanne* oder große Pfanne als kleine Häufchen kommt und in der Ofenröhre langsam bei Mittelhitze in etwa 1/2 Stunde braungebacken wird. Danach wird das Gericht sofort serviert, damit es nicht zusammenfällt. Als Zukost dient Apfelmus oder ein anderes Kompott.

---

* Sechs, neun oder zwölf etwa kompottschüsselartige Formen, die über Kreuz durch Stahlbänder zusammengehalten werden.

Rährnkuchen

*5–6 große gekochte Kartoffeln, etwas Salz,
1–2 Löffel Mehl, Butter, Sirup oder Honig.*

Die gekochten Kartoffeln läßt man erkalten
und reibt sie. Die so entstandene Masse mit
Salz und Mehl vermischen. Den trockenen
Teig dünn ausrollen und daraus runde oder
eckige Teile schneiden. Diese dünnen, den
Oblaten ähnliche Stücke, werden auf der
nicht zu heißen Ofenplatte beiderseits gebacken. Man bestreicht die Küchlein mit
Butter, Sirup oder Honig und bringt sie
warm auf den Tisch.

Nächst der ›Rauchen-Mad‹ ist der ›Röhren-
kloß‹, ein Lieblingsgebäck des Erzgebirgers.
Sämtliche Gebäcke bestehen aus gekochten
geriebenen Kartoffeln, wenig Mehl und
Salz, wozu bei letzteren beiden etwas Butter
oder Leinöl kommt, wenn sie in der Pfanne
gebacken werden…
Elfried von Taura (1880)

Sonntagsbrötchen
Sunntigwecken

*250g Quark, 250g Mehl, 10g Butter, 1 Ei,
1 Päckchen Backpulver und zum Abschmecken etwas Zucker und Salz.*

Alle Zutaten werden in einer Schüssel zu einem festen Teig geknetet, aus dem man 10 Brötchen formt. Man kann sie auf der Oberseite mit dem Messerrücken etwas eindrücken. Die Brötchen kommen auf ein Backblech und werden bei etwa 200° Hitze 20 Minuten lang gebacken. Etwas abgekühlt werden sie mit Butter, Marmelade zu Kaffee oder Milch gegessen.

Ranzendrucker

500g Mehl, 1 Päckchen Backpulver oder etwas Hefe, 1/2 l Buttermilch, etwas Salz.

Alle Zutaten zu einem festen Teig kneten. Damit er nicht klebt, dann und wann die Schüssel und Hände mit Mehl bestreuen. Aus dem Teig werden Klößchen geformt, et-

wa wie bei gekochten Klößen, die man leicht
flach drückt und auf ein gefettes Blech
gibt. Mit dem Messerrücken auf der Oberseite etwas eindrücken. Nun läßt man sie
50 Minuten bei gleichmäßiger Hitze backen.
Nachdem sie gut durchgebacken sind und
die Oberseite leicht gebräunt ist, kommen
sie noch warm auf den Tisch. Zum Verzehr
werden sie mit Butter, Speckfett oder Marmelade bestrichen.

Wasserbraazen

Wasserbraazen wurden in den Erzgebirgs-
häusern vor allem in Vorbereitung auf Fastnacht gebacken. Kamen die Fosendknacker,
Spießeirecker an die Tür, um ihr Versehen
herzusagen, ihr Liedlein zu singen, steckte
man ihnen ein paar davon zu.

*500 g Weizenmehl, 1 Teelöffel Salz, Wasser und
verdünnte Natronlauge.*

Aus dem Weizenmehl, Wasser und Salz bereitet man einen festen Teig, der gut durchgeknetet werden muß, bevor er zu 50 cm lan-

gen fingerdicken Röllchen ausgedreht wird.
Aus ihnen formt man 10 Brezeln, läßt sie in
einem Topf mit kochendem Wasser kurz
aufkochen, bis sie obenauf schwimmen,
schreckt sie danach einen Moment mit kaltem Wasser ab und bestreicht sie, nachdem
sie abgetropft sind, mit verdünnter Natronlauge. Bei gleichmäßiger Hitze bäckt man
sie auf einem Blech, bis sie goldgelb sind.
Man ißt sie eingeweicht in einer Schale mit
Kaffee und Zucker darüber. Sie werden dadurch weich, und »dudeln auf«. In einem
Tontopf gegeben, sind sie nahezu unbe-
grenzt haltbar.

Quarkbraazen

*150 g Speisequark, 150 g Mehl, 150 g Butter, 3 Ei-
dotter, 1 Ei, Kümmel und etwas Salz.*

Dem Mehl wird etwas Salz beigefügt und mit
der Butter vermischt. In eine kleine Mulde
setzt man die 3 Eidottern in das Mehl. Dann
fügt man den Quark hinzu und verarbeitet
alles zu einem Teig. Zugedeckt wird er
1 Stunde lang ruhen lassen. Auf einem be-

mehlten Nudelbrett den Teig ausrollen und zu dünnen Würstchen formen, die man zu Brezeln dreht. Zum besseren Halt die Teigenden mit Eiweiß ankleben. Die geformten Brezeln kommen auf ein gefettetes Backblech, werden auf der Oberseite mit geschlagenem Ei bestrichen und danach mit Kümmel bestreut. Bei guter Hitze ist das Gebäck nach etwa 15 Minuten fertig. Sobald es erkaltet ist, läßt es sich auftischen.

Hefenzopp

500g Mehl, etwas Hefe, 50g Zucker, 1/4 l Milch, 50g Zitronat, 2 Eier, 1 Eigelb zum Bestreichen, 1 Prise Salz.

Aus den Zutaten einen leichten Hefeteig kneten, dem das Zitronat beifügt wird. Nun teilt man die Teigmasse in drei gleichgroße Würste von je 20 cm Länge, aus denen man Zöpfe flicht. Sie kommen auf ein gut gefettetes und mit Mehl bestreutes Backblech. Unter einem Tuch den Teig 1 1/2 Stunden gehen lassen. Bevor die Zöpfe in den gut vorgeheizten Backofen geschoben werden,

bestreicht man sie mit Eigelb. Bei 180–
200°C etwa 30–40 Minteun die Hefezöpfe
backen lassen. Sobald sie erkaltet sind, werden sie mit Butter, Honig oder Marmelade
frisch verzehrt.

Sächsischer Butterzopp

*500 g Mehl, 200 g Butter, 60 g Zucker, 50 g Hefe,
1 Eßlöffel Rum, ein paar geriebene bittere und süße Mandeln, etwas Milch und Salz.*

Mehl in eine Schüssel geben und das Hefestöckchen ansetzen. Danach Zucker, Rum,
geriebene Mandeln, Salz mit der sahnig ge-
rührten Butter in das Mehl geben und daraus einen festen Teig kneten. Den läßt man
mit einem Tuch bedeckt an einem warmen
Ort gehen. Danach den Teig zu drei etwa
daumendicke Teile ausrollen, zu einem
Zopf flechten, den man zu einem Kranz zu-
sammenfügt. Auf ein gefettetes Kuchen-
blech gelegt, wird er mit Eigelb bestrichen
und mit gehackten süßen Mandeln bestreut.
Nachdem der Teig nochmals ging, wird er
mit Butter bestrichen und bei starker Hitze

etwa 1/2 Stunde gebacken. Danach erhält der Zopf eine Lasur aus Zuckerguß. Erkaltet werden die Butterzöpfe zum Morgenkaffee gegessen.

Reformationsbrotle

Jedes Jahr zum Reformationsfest boten die Bäcker ein besonderes Gebäck an, die Reformationsbrötchen. Den Kindern war das eine Freude, deshalb nannten sie den Tag auch scherzhaft »Reformationsbrotlefast«. Die Zubereitung der Brötchen war unterschiedlich. Wir haben uns für die nachfolgende entschieden:

500 g Mehl, 40 g Hefe, 1/4 l Milch, 50 g Butter, etwas Zucker, Salz und zum Füllen Marmelade.

Dem gesiebten Mehl gibt man alle Zutaten hinzu und knetet daraus einen geschmeidigen Teig, der an einem warmen Ort gehen muß. Danach auf einem gemehlten Kuchenbrett ausrollen und aus ihm etwa 12 cm große Quadrate ausrädeln. Nachdem man in die Mitte eines jeden Stückes ein Kleckschen Marmelade gab, die Ecken so nach innen einschlagen, daß sie über der Marmeladefüllung zusammenstoßen. Nun läßt man das so Vorbereitete nochmals gehen und bäckt es bei mittlerer Hitze, bis es eine schöne braune Farbe hat. Die Küchlein läßt man kalt werden und reicht sie frisch zum Kaffee.

Krapfen
Fosendkrapple

500 g Mehl, 100 g Fett, 2 Eier, etwas Salz, 30 g Hefe und 1/4 l Milch, zum Bezuckern 250 g Zucker.

Man rührt aus den Zutaten einen geschmeidigen Teig. In einem Gefäß hält man etwa 250 g Zucker bereit, um das fertige Gebäck in ihm wälzen zu können. Bei mäßiger Wärme den Teig gehen lassen. Danach ihn etwa fingerdick ausrollen und daraus 5 cm breite Streifen schneiden, die man in Vierecke abteilt. Sie müssen nochmals gehen, bevor sie in heißem Fett goldgelb ausgebacken werden. Es muß soviel Fett oder Öl im Topf sein, daß die Krapfen schwimmen können.

Anschließend wälzt man sie in dem mit Zucker gefülltem Gefäß. Nach dem Erkalten sind die Krapfen tischfertig.

Fosendsprüchle

Hier reck ich menn Spieß
übern Herrn senn Tisch.
Is dr Herr e guter Ma,
steckt'r mir e Krappel na.

De Krapple sei gebacken,
ich hob se härn knacken,
ich hob se saah nei'n Ufen schiebn,
nu muß ich aah e Krappel kriegn.

Sunntigthaler

250g Mehl, 15g Ingwerpulver, 1/2 Päckchen Backpulver, 125g weichgehaltene Butter, 125g Zucker, 1 Ei, etwas Milch.

Aus den Zutaten einen festen Teig kneten. Die Milch nur langsam dazugeben, damit er nicht zu weich wird. Auf einem Kuchenbrett dünn ausrollen. Mit dem Deckel eines Kruges oder mit einer Tasse runde Plätzchen ausstechen. Auf ein Backblech legen und bei Mittelhitze im Backofen zirka 15–20 Minuten backen, bis die Plätzchen eine goldgelbe Farbe haben. Gegessen werden sie zu Kaffee.

Sächsischer Zwiebelkuchen

1 kg Zwiebeln, 500 g Mehl, 60 g Margarine, 1 Tasse Milch, 1 Tasse saure Sahne, 3–4 Knoblauchzehen, 3–4 Eier, 100 g Speck, etwas Hefe, Zucker, Salz, Kümmel und Pfeffer.

Man bereitet einen üblichen Hefeteig, der 1 Stunde lang gehen soll. Inzwischen die Zwiebel zu kleinen Stücken schneiden und in der Margarine goldgelb dünsten. Die aufgeschlagenen Eier werden nun mit Kümmel, Pfeffer, Salz und den kleingehackten Knoblauchzehen vermischt. Sobald die Zwiebeln abgekühlt sind, vermengt man sie mit der Eiermasse und zieht die saure Sahne unter. Nun wird das Gemenge gleichmäßig auf den ausgerollten Teig verteilt und mit dünngeschnittenen Speckscheiben belegt. Bei 200° Hitze braucht der Kuchen etwa 45 Minuten Backzeit. Der Zwiebelkuchen wird warm gegessen.

Aardäppelkuchn

250 g feines Mehl, 50 g Hefe, einen Teller gekochte Kartoffeln, 3 Eier, 125 g Butter, 2 Eßlöffel Zucker, etwas Salz, Zimt und Wasser.

Man läßt die Hefe in 3 Eßlöffel lauwarmem Wasser zergehen, rührt das Mehl an und stellt das Hefestück an einen Ofen, damit es aufgehen kann. Danach mengt man die gekochten, geriebenen Kartoffeln, die Eier, Butter und 2 Eßlöffel Zucker darunter. Nun wird der Teig tüchtig geknetet und auf einem vorgewärmten Backblech fingerdick ausgerollt. Man stippt ihn mit einer Gabel, gießt die zerlassene Butter darüber, streut Zucker und Zimt darauf und besprengt ihn nochmals mit zerlassener Butter. Bei gleichmäßiger Hitze soll der Kuchen etwa 30 Minuten backen. Lassen Hausmütter den Teig ihrer Weihnachtsstollen vom Bäcker ausbacken, wird ein Teil des Teiges abgezweigt, um daraus Kartoffelkuchen zu backen, der frisch verzehrt wird, als Vorgeschmack auf das Weihnachtsgebäck.

Erdäpfelkuchen zu baken nimmt man weizen- gersten- oder ander gutes, nur kein kornmehl, kochet die Erdäpfel ordentlich, wie gewöhnlich, weich, schälet sie, und läßt sie kalt werden, reibt sie auf einem reibeisen klar, und rühret sie unter das mehl mit wasser oder milch ein, schlägt etliche eyer daran, salzet es erforderlich, und fomieret mit dem wälgerholze kuchen in beliebiger grösse daraus, schiebet sie in eine heisse röhre oder bakofen, und läßt sie hübsch rösch baken. Kommen sie aus demselben, so überstreicht man sie so gleich mit butter oder spek, und isset sie warm.

Johann Adam Jakob in »Abhandlung von den Erdäpfeln«, 1770

Schwarzbeerkuchn

*Teig von 375 g Mehl, 20 g Butter, 50 g Semmelbrö-
sel, 1 kg Heidelbeeren, 200 g Zucker.*

Man bereitet einen üblichen Hefe- oder
Backpulverteig. Den rollt man dünn aus
und bestreicht ihn mit zerlassener Butter.
Die Ränder etwas hochdrücken. Bevor man
den Teig mit Semmelbrösel bestreut, mischt
man sie mit einem Teil des Zuckers. Inzwischen die Heidelbeeren verlesen, waschen
und auf einem Tuch abtropfen lassen. Diese
dann gleichmäßig auf den Kuchen verteilen. Bei starker Ofenhitze läßt man ihn
30–40 Minuten lang backen. Erst jetzt den
restlichen Zucker darüberstreuen. Nach
dem Abkühlen den Kuchen auftragen.
Frischgebacken schmeckt er zu Bohnenkaf-
fee am besten.

Quarkkuchn

*150 g Weizenmehl, 65 g Butter, 50 g Vanillezucker,
1 Ei, 2 Teelöffel Backpulver oder eine entsprechende Menge Hefe. Für den Belag: 750 g Quark, 2 Ei-*

weiß, 50 g Rosinen, 50 g gehackte süße Mandeln, etwas saure Sahne und 1/2 Päckchen Puddingpulver.

Mit dem bereiteten Mürbeteig den Boden einer Springform belegen und den Rand ringsum etwas andrücken. Den durch ein Sieb gestrichenen Quark mit etwas Sahne zu einer glatten Masse verrühren. Ihr gibt man nach und nach Zucker, Eidotter, Rosinen, Mandeln und das Puddingpulver hinzu und verrührt alles gut. Zuletzt vorsichtig das zu Schnee geschlagene Eiweiß unter die steife Quarkmasse ziehen. Mit ihr bestreicht man den Teigboden. Bei starker Ofenhitze ist der Kuchen nach 40 Minuten gut. Quarkkuchen gehört unbedingt zu Kirmes auf den Tisch!

Männer, die Kuchen aßen, galten im 17. Jahrhundert als weichlich, läppisch, »verkappte Weibspersonen«. Nur eine Kuchensorte machte die Ausnahme: Quarkkuchen. Der galt überall als männlich. Und die bei ihm zulangten, denen zollte man Ansehen.

Erzgebirgischer Weihnachtspfefferkuchen

500 g Mehl, 250 g Zucker, 2 Eier, 2 Eßlöffel Honig, etwas Rum, Pfefferkuchengewürz und Speisesoda.

Man vermengt das gesiebte Mehl mit dem Zucker, das Speisesoda und dem Pfefferkuchengewürz. Dieses Gemenge wird auf einem Nudelbrett mit dem zerlassenen lauwarmen Honig und den anderen Zutaten angemengt und zu einem festen Teig geknetet. Ihn läßt man über Nacht stehen und rollt ihn dann zu einer dicken Platte aus. Mit dem Deckel eines Kruges entsprechende Scheiben ausstechen und bei Mittelhitze etwa 20 Minuten backen lassen. Gesiebten Staubzucker mit Wasser zu einem dickflüssigen Brei anrühren, mit dem man die Pfefferkuchen bestreicht oder verziert. In einem Steinguttopf aufbewahrt, hält sich der Pfefferkuchen über Monate.

Erzgebirgischer Weihnachtsstollen

2,5 kg Mehl, 1 kg Butterschmalz oder Schmer, 200 g Zucker, 250 g Rosinen, 20 g süße und 10 g bittere Mandeln, 250 g Zitronat, 1/2 l Milch und 100 g Hefe.

Das Mehl in eine große Schüssel sieben. In der Mitte des Mehles das Hefestöckchen mit 1/2 l lauwarmer Milch ansetzen. 1 Stunde gehen lassen, danach alle anderen Zutaten dazugeben und zu einem festen Teig kneten. Nun nochmals mit einem Tuch bedeckt 1 Stunde gehen lassen und danach wieder durchkneten. Jetzt formt man aus dem Teig einen Stollen, auch diesen 1/2 Stunde am warmen Platz, mit einem Tuch bedeckt, gehen lassen. Dann im vorgeheizten Backofen bei guter Mittelhitze etwa 1 Stunde backen lassen. Der Stollen soll eine schöne mittelbraune Farbe haben. Noch vor wenigen Jahren brachte man die Zutaten dem Bäcker, der dann den Teig bereitete und ausbuk. Früher wurde der Stollen am 1. Weihnachtsfeiertag angeschnitten. Ihn vorher zu essen galt als Sünde.

Bratäpfel nach Großmutterart

An langen Winterabenden sind Bratäpfel eine Nascherei oder eine Zukost zu Rauchemad, Nackete Mad oder Rährnkuchen.

500 g Äpfel, 30 g Butter, 2 Eßlöffel Vanillezucker.

Nachdem man die Äpfel geschält hat, entfernt man das Kerngehäuse und schneidet sie in dicke Scheiben. Diese kommen in eine Pfanne mit heißer Butter und werden darin geschmort. Sind die Scheiben gar, bestreut man sie mit Vanillezucker und bringt sie warm auf den Tisch. Mit Puddingsoße übergossen, ergeben sie einen wohlschmeckenden Nachtisch.

Brotprägelsalz

In einer Pfanne läßt man bei kräftigem Feuer Speck oder Grieben aus. In das heiße Fett kommen Brotkrumen und kleingeschnittene Zwiebel. Das Gemisch eine Zeitlang braten. Dann gießt man etwas schwarzen Kornkaffee darüber und schmeckt das Ganze mit Salz und etwas Pfeffer ab. Das Brotprägelsalz wird als Zukost zu Pellkartoffeln aufgetischt.

Griebenschmalz
Spackfett

500 g Räucherspeck, 2 große Zwiebeln.

Der Speck wird in kleine Würfel geschnitten und in einer Pfanne ausgelassen. In das ausgelassene Fett gibt man die kleingeschnittene Zwiebel, die noch kurze Zeit in dem Fett gebraten wird. Die Fettgrieben werden nicht abgegossen. Das Fett mit den Grieben und der Zwiebel erkalten lassen. Speckfett schmeckt vorzüglich zu frischem Schwarzbrot.

Gänsefett

Dazu nimmt man das abgeschöpfte Gänsefett und das in der Gans vorhandene frische Fett, einen Apfel, eine Zwiebel, Schweineschmalz und etwas Salz.

Das frische Fett wird geschnitten und ausgelassen, darein dann das abgeschöpfte Bratenfett, den Apfel, die Zwiebel und eine Prise Salz geben. Nun läßt man alles gut durchbraten, die Zwiebel darf dabei nicht braun werden, und gibt es durch ein Sieb, bevor Schweineschmalz zum Festwerden hinzufügt wird. Allgemein nimmt man 2/3 Gänsefett und 1/3 Schweineschmalz, um ein gutes, streichfähiges Fett zu erhalten.

Sauerkraut

Auf 1 kg Weißkohl, 15 g Kochsalz, 1–2 mittlere Äpfel, 1–2 Möhren, Kümmel, Dill, Bohnenkraut, Zwiebel und ein paar Stücke Meerrettich.

Von den Weißkrautköpfen die Außenblätter entfernen, vierteln, danach feine Streifen hobeln, die Möhren in Scheiben schneiden, die Äpfel vierteln. Kraut und Zutaten gut vermengen und in ein Stein-, Holz- oder Glasgefäß fest eindrücken und das so lange und fest, bis nach und nach Saft austritt. Einwandfreie Blätter obenauflegen und mit einem Stein beschweren. Nun das Kraut an einem warmen Ort gären lassen. Nach etwa 14 Tagen ist das Kraut gut.

Inhaltsverzeichnis

© 1993 Chemnitzer Verlag
Das Buchprogramm der Freien Presse

10. Auflage, 2013

Umschlaggestaltung:
Rico Reuter, Chemnitzer Verlag und Druck GmbH & Co. KG
Gesamtherstellung: Westermann Druck Zwickau GmbH

www.chemnitzer-verlag.de
www.freiepresse.de

ISBN 978-3-937025-65-0